LITERATURHINWEISE ZUR LINGUISTIK

BAND 10

Herausgegeben im Auftrag des
Instituts für Deutsche Sprache
von Elke Donalies

Konstanze Marx

Internetlinguistik

Universitätsverlag
WINTER
Heidelberg

Bibliografische Information der Deutschen Nationalbibliothek

Die Deutsche Nationalbibliothek verzeichnet diese Publikation
in der Deutschen Nationalbibliografie;
detaillierte bibliografische Daten sind im Internet
über *http://dnb.d-nb.de* abrufbar.

ISBN 978-3-8253-6988-0

© 2019 Universitätsverlag Winter GmbH Heidelberg
Imprimé en Allemagne · Printed in Germany
Druck: Memminger MedienCentrum, 87700 Memmingen

Gedruckt auf umweltfreundlichem, chlorfrei gebleichtem
und alterungsbeständigem Papier

Den Verlag erreichen Sie im Internet unter:
www.winter-verlag.de

Inhalt

A. EINFÜHRENDER TEIL

1. Zentrale Themen

Die Internetlinguistik wird als recht junge Disziplin wahrgenommen und im Vergleich zu anderen linguistischen oder sozialwissenschaftlichen Forschungsdisziplinen ist sie das sicher auch. Aber sie geht mittlerweile in das dritte Jahrzehnt. In dieser Zeit hat sie eine hochinteressante, geradezu rasante Entwicklung durchlaufen, die hier nur synoptisch skizziert werden kann. Dieses erste Kapitel ist also den markanten Meilensteinen der bisherigen linguistischen Internetforschung gewidmet.

Titelgebend für die Schnittstellendisziplin Internetlinguistik war zwar erst der 2011 erschienene Student Guide von David Crystal. Mit dem Namen „Internet Linguistics" führt er jedoch seine bereits 2005 in einem kurzen Papier für das American Association for the Advancement of Science Meeting formulierten Gedanken zu einer „new branch of an academic discipline" (Crystal 2005: 1) konsequent fort. Zum damaligen Zeitpunkt steckte Crystal den Bereich der Internetlinguistik folgendermaßen ab:

„I would define this as the synchronic analysis of language in all areas of Internet activity, including email, the various kinds of chatroom and game interaction, instant messaging, and Web pages, and including associated areas of computer-mediated communication (CMC), such as SMS messaging (texting)." (Crystal 2005: 1)

In diesem Zusammenhang ist auch ein Glossar mit sogenannter *Textspeak* und *Netspeak* entstanden, der nur einige Dutzend Beispiele für Wendungen enthält, die aus dem Web in die gesprochene Sprache übernommen wurden und gegenüber der Anzahl der Wendungen, die aus anderen Quellen weltweit in die englische Sprache gelangen, verschwindend gering ist. Ein Blick in die Stichwortliste der Nullerjahre des Neologismenwörterbuchs des Instituts für Deutsche Sprache (https://www.owid.de/service/stichwortlisten/neo_00) stützt diesen Eindruck. Dennoch hat sich der Mythos einer Internetsprache bis heute – insbesondere in der populärwissenschaftlichen Berichterstattung – gehalten und wird vor allem mit drohendem Sprachverfall in Verbindung gebracht. „Schaden Twitter und SMS der Sprache?" titelt am 21.12.2012 die Hannoversche Allgemeine mit Bezug auf eine dpa-Meldung (Pointner 2012); fünf Jahre später stellt Kentner (2017) auf der Kulturseite des SRF fest: „Emojis grinsen uns die Sprache weg." Dass diese Befürchtungen unbegründet sind, hat Angelika Storrer erst kürzlich im zweiten Bericht zur Lage der deutschen Sprache betont (Storrer 2017). Auch in den Vorträgen der

55. IDS-Jahrestagung zum Thema „Deutsch in Sozialen Medien. Interaktiv, multimodal, vielfältig" wurde deutlich, dass neue Verwendungsweisen unsere Kommunikation eher bereichern.

In unserem 2014 erschienenen, an Crystals Überlegungen anschließenden Arbeitsbuch zur Interlinguistik haben Georg Weidacher und ich dargelegt, dass es nicht sinnvoll ist, von einer Internetsprache zu sprechen, schon gar nicht von einer Sprache, die eine andere Sprache verdränge oder gar substituiere (Marx/Weidacher 2014: 91 f.). Für die Äußerungen im Web lässt sich keine eigene Systematik feststellen. Das ist auch gar nicht verwunderlich, denn die Bedingungen für die Entwicklung einer solchen Systematik sind in einem heterogenen Kommunikationsraum wie dem Web denkbar ungünstig. Internetangebote richten sich an unterschiedliche Adressat*innen und sind entsprechend unterschiedlich gestaltet. Die Formate reichen von Chats über Foren, Blogs, private und institutionelle Webauftritte, Pressetexte, wissenschaftliche Publikationen bis hin zu Profilen auf Instagram, Facebook, Twitter, Snapchat und Gruppenkommunikation auf WhatsApp.

Vermutlich waren es die innovativen Formen auf den Chatplattformen der 1990er Jahre, die nachhaltigen Eindruck und damit einhergehende Verunsicherung bei den Rezipient*innen hinterlassen haben. Die „Plauderei" im Netz brachte sprachliche Phänomene auf verschiedenen Ebenen in den Fokus der Aufmerksamkeit.

Lexikalisch interessant waren und sind Akronyme und Abkürzungen, wie *LOL* (für *lough out loud*), *hdl* (für *hab dich lieb*), *iwi* (für *irgendwie*) oder *bg* (für *bis gleich*). Dass Verkürzungen vermehrt auftraten, wurde vor allem mit der Situation, in der die Texte entstanden, begründet; die Beiträge mussten in einer angemessenen Geschwindigkeit über die Tastatur eingegeben werden. Letztlich führte der Blick auf die Produktionssituation zu Jucker/Dürscheids (2012: 40) Vorschlag, mit *KSC* (*Keyboard-to-Screen-Communication*) zusammenzuführen, was unter *CMC* (*computer mediated communication*, siehe Baron 1984, Herring 2007), *EMC* (*electronically mediated communication*), DMC (*digitally mediated communication*), *IBC* (*Internet-based communication* oder *internetbasierte Kommunikation*, siehe Beißwenger 2007) und *IMC* (*Internet-mediated communication*, siehe Yus 2011) kursierte. Somit konnte der Tatsache Rechnung getragen werden, dass man sich primär graphisch realisierter (schriftlicher) Kommunikation gegenüber sah, die eins-zu-eins, eins-zu-viele oder auch viele-zu-viele übertragen wurde und sowohl von mobilen Telefonen und Smartphones als auch von Tablets und PCs aus gesendet werden konnte. Alle diese Geräte sind jeweils sowohl mit einer Tastatur und einem Bildschirm ausgestattet (siehe Jucker/Dürscheid 2012: 42). Der Terminus *KSC* wird durchaus bis heute verwendet, dazu gesellte sich aber ein zweiter weniger auf die Produktion und mehr auf die Kommunikation ausgerichteter Terminus, das *interaktionsorientierte Schreiben* in Abgrenzung zum *textorientierten Schreiben*:

„Schreiben wird genutzt für den dialogischen, spontanen und informellen Austausch […]. Hierfür bildet sich eine Haltung im Umgang mit Schriftsprache heraus, die wir […] als *interaktionsorientiertes* Schreiben bezeichnen. Im Gegensatz zum *textorientierten* Schreiben steht beim interaktionsorientierten Schreiben nicht das Schreibprodukt, sondern die laufende Interaktion im Zentrum; dabei bilden sich schriftsprachliche Formulierungsmuster heraus, die spezifisch auf die Rahmenbedingungen der Nähekommunikation – situative Einbettung, geringe Planung, Dialogizität, Emotionalität – zugeschnitten sind" (Beißwenger/Storrer 2012: 92).

Dieser Gedanke wird auch von Albert (2013) weiterverfolgt, wenn er dafür argumentiert schriftsprachliche Innovationen in ein Konzept von Dialogizität zu überführen, anstatt von konzeptioneller Mündlichkeit zu sprechen. In beiden Ansätzen deutet sich ein Perspektivenwechsel an, nachdem in der linguistischen Internetforschung für eine lange Zeit konzeptionelle Mündlichkeit als geeignete Beschreibungskategorie für die online stattfindende schriftliche Kommunikation diskutiert wurde. Orientierung hierbei – ja geradezu Sogwirkung, siehe dazu Androutsopoulos (2007: 80) – bot der Ansatz von Koch/Oesterreicher (1985), in dem zwei Dimensionen von Mündlichkeit und Schriftlichkeit unterschieden werden: Zum einen die Konzeption und zum anderen die Umsetzung einer sprachlichen Äußerung. Demnach sind einerseits die Art und Weise der Formulierung, die Nähe oder Distanz zwischen den Interagierenden signalisieren kann (ein Kontinuum zwischen formell oder informell), und andererseits das Medium oder der semiotische Modus der Realisierung (eine Dichotomie zwischen graphisch oder phonisch) relevant. Dass der Text auf einer Urlaubskarte an befreundete Kolleg*innen anders gestaltet wird als der dem Chef vorzulegende Quartalsbericht – obgleich beide schriftlich verfasst werden – ist leicht nachzuvollziehen und damit auch die Differenzierung zwischen konzeptioneller Mündlichkeit und konzeptioneller Schriftlichkeit bei schriftlicher Realisierung. Ebenso leicht – Dürscheid/Frick (2016: 26) sprechen von einer „fast allzu plakativen Weise" – wurde informelles Schreiben in digitalen Medien unter „konzeptionelle Mündlichkeit" gefasst. Für einen aktuellen Überblick siehe Feilke/Hennig (2016).

Lexikalische Besonderheiten, wie die oben benannten Akronyme und Abkürzungen, aber auch Ellipsen, Majuskeln zur Erhöhung der zu imaginierenden Lautstärke oder zur Emphase, Dialekt, Assimilationen (z. B. die Verschmelzung von *ist* und *denn*) oder die Iteration von Buchstaben und Satzzeichen als „emulierte Prosodie" (Haase et al. 1998: 68) lassen sich dann vielleicht als schriftliche Projektionen konzeptioneller Mündlichkeit interpretieren; man spricht auch von Oraliteralität.

> Ellipsen: Sehr lecker auch der Apfelpunsch (FB, geschlossene Gruppe, 2018-12-21, L: 1, K:0, T:0, 1. Kommentar auf eine Statusmeldung, in der ein Beitrag über ein Café geteilt wurde.)

> Majuskeln: Das ist ein Facebook-Post für all jene, die ihren Müll im Park und am Strand liegen lassen: IHR NERVT. (sm) (FB, stern, zornig, 2015-06-06, L: 25009, K: 726, T: 4559)

> Dialekt: Jenzi, dass is scho schä (FB, 2018-11-05, L:0, K:0, T: 0)

> Assimilation: Was issn auf deinem rechten Bein? (FB, 2018-12-16, L:0, K:0, T: 0)

> Prosodie: Leute könnt ihr bei der Umfrage für meine Facharbeit mitmachen? das wäreee super liiieeb (FB, 2012-03-04, L: 11889, K: 31, T:0)

Gleichzeitig engte man mit dem Mündlichkeits-Schriftlichkeits-Modell, in dem aufgrund seines Publikationsdatums (1985) sprachliche Phänomene des Webs gar keine Berücksichtigung finden konnten, den Erklärungsrahmen viel zu sehr ein. Besonders deutlich wird das an Inflektiven (z. B. *abwink*, Marx/Weidacher 2014: 100, siehe auch Schlobinski 2001), Hashtags, Text-Bild-Referenzen, Emojis und Praktiken, wie dem Liken, Kommentieren und Teilen, deren multidimensionale Funktionen sich im Gegensatz zu Elementen der Oraliteralität im „Korsett" von Koch/Oesterreicher (1985) nicht deuten lassen (siehe Lotze/Marx ersch.).

Androutsopoulos (2017: 82) sieht z. B. bei Emoticons, Inflektiven oder Abkürzungen, mit denen die Repräsentation von Mimik, Zuständen oder Handlungen repräsentiert werden soll, „keine Annäherung an sprechsprachliche Strukturen, [vielmehr] simulieren [diese Verfahren] Aspekte der Multimodalität der direkten verbalen Interaktion und rekonstruieren einen ihr nachempfundenen Wahrnehmungsraum", siehe auch Beißwenger (2000: 95).

Mit dem Liken kann soziale Solidarität (Heritage 1984: 265) signalisiert werden, Kommentieren kann identitätsstiftend wirken oder auch „self-face enhancing", wie es Bedijs (2014: 141) ausdrückt; gleichzeitig kann dadurch die Zugehörigkeit zu einer Gruppe markiert werden. Welche Äußerungen hierbei in- oder exkludierend sind, ist seit langem Gegenstand der Forschung und wird im Hinblick auf die Sprachverwendung im Web weiter diskutiert. Was gilt als höflich auf Plattformen und innerhalb spezifischer Gruppen? Wie kann ein respektvoller Umgang im Web gesichert werden, wo sind die Grenzen der Unhöflichkeit überschritten?

Über Verfahren der Netzwerkbildung, die in den Plattformen selbst angelegt ist und die durch die genannten Praktiken beschleunigt und intensiviert werden, können sogenannte „Echokammern" (Sunstein 2001) entstehen. Das geht einher mit sich auf extreme Positionen zuspitzenden Meinungsspiralen, die sich unmittelbar auf den gesellschaftlichen Diskurs auswirken. Dabei scheinen Emotionsreferenzialisierungen im Zusammenspiel mit aufmerksamkeitsökonomischen Aspekten eine wesentliche Rolle zu spielen. Ich spreche hier lediglich von der Referenz auf Emotionen, weil es gerade im Hinblick auf die beabsichtigte Wirkung von Äußerungen im Web schwierig ist, Rückschlüsse auf zugrundeliegende Emotionen zu ziehen.

Das ist insbesondere im Kontext von HateSpeech zu beachten, denn drastischer Emotionsausdruck kann immer auch ein Versuch sein, sich in einer recht unübersichtlichen Umgebung abzuheben, z. B. innerhalb eines Facebook-Kommentarstrangs, um die Aufmerksamkeit für die eigene Äußerung zu bündeln und Feedback in Form von Likes oder Kommentaren zu erhalten. Dabei greift der sogenannte negative bias (siehe Pratto/John 1991, Shoemaker 1996): Negatives erregt leichter und schneller Aufmerksamkeit – eine Erkenntnis, die Hater*innen nutzen. Von Hate Betroffene bleiben jedoch nicht untätig; auch sie können sich diesen Effekt zunutze machen, indem sie Kommentare, E-Mails oder Zuschriften anderer Art republizieren, um die Gewalt sichtbar zu machen und sich dazu zu positionieren, wie im folgenden Beispiel, siehe dazu auch ausführlich Marx (2017).

Die hierbei verwendete Praktik der Rekontextualisierung wird von Androutsopoulos (2014) als „key concept" der Medienforschung bezeichnet. Reisigl/Wodak (2009: 90) definieren Rekontextualisierung als „process of transferring given elements to new contexts". Es handelt sich hier um einen „entscheidenden Wesenszug digitaler Medien", wie es Meier/Viehhauser (i. Dr./2019) ausdrücken, nämlich die „Möglichkeit, durch serielle Reihung, flexible Neuordnung, Einbettung und Vernetzung digitaler Objekte neuen Sinn zu generieren." Hier kommen Hashtags ins Spiel, die auch Diskurseinheiten bündeln können, deren Inhalte diametral entgegengesetzt sind. In Memes werden Bilder entweder graphisch verändert oder der im Bild platzierte Text kontextualisiert das Bild neu (siehe Osterroth 2015).

Mit Blick auf die disparaten Interaktionsphänomene des Web 2.0 ist also nicht mehr nur davon auszugehen, dass hier konzeptionelle Mündlichkeit im schriftlichen Medium vorliegt oder dass Interaktion im Web 2.0 als neue Form der Schriftlichkeit beschrieben werden kann. Der benannte Wahrnehmungsraum wird multimodal und multimedial durch neue Interaktionspraktiken erweitert, die Gegenstand der gegenwärtigen und noch zu entwickelnden internetlinguistischen Interpretationsrahmen sind und als Kulturphänomene in der wissenschaftlichen Betrachtung berücksichtigt werden müssen. Neuere Publikationen, wie „Schreiben Digital" von Christa Dürscheid und Karina Frick (2016) oder „Digital und vernetzt" von Henning

Lobin, greifen diesen Aspekt in den jeweiligen Untertiteln auf, nämlich „Wie das Internet unsere Alltagskommunikation verändert" (Dürscheid/Frick 2016) und „Das neue Bild der Sprache" (Lobin 2018).

Wenn wir also die Etappen der linguistischen Internetforschung rückblickend benennen, können wir eine Orientierung weg von einzelnen Oberflächenphänomenen (Akronyme, Assimilationen etc.) und dem Versuch Texte zu beschreiben (als Hypertexte) und Textsorten einzuordnen (mündlich oder schriftlich?) hin zur Identifikation und Analyse von Interaktions- und Diskurspraktiken beobachten, die einen sozio- und kulturlinguistischen Zugang motivieren.

Gleichermaßen entwickelte sich geradezu organisch ein weiterer Forschungsschwerpunkt: Methoden und Generierung von Datenkorpora. Unweigerlich verbunden damit sind ethische Aspekte. Je nach Forschungsfrage und gewähltem Zugang (qualitativ oder quantitativ) stellt sich die Frage, welche Daten wie erhoben werden sollen und können. So gibt es das Verfahren der Online-Ethnographie, das „revisit"- und „roam around"-Online-Beobachtungen (siehe Androutsopoulos 2013: 241), aber auch die aktive Partizipation einschließt (siehe u. a. Kirschner 2015 und Marx/Weidacher 2019). Das Mitlesen ist eine einfache Methode, die überall dort gut funktioniert, wo Plattformen keinen Zugangsbeschränkungen unterliegen. Die aktive Partizipation trägt dazu bei, dass Forscher*innen Spezifika der jeweiligen Plattform kennen- und verstehen lernen und dabei anhand der Anschlusskommunikation feststellen, inwieweit die plattforminhärenten Regeln erschlossen worden sind.

Die Entwicklung von Forschungsinfrastrukturen hingegen ist eine Aufgabe für Konsortien. Einen Überblick über bereits bestehende Kooperationen und Verbünde findet man im ersten Teil des 2018 von Henning Lobin, Roman Schneider und Andreas Witt herausgegebenen Bandes: „Digitale Infrastrukturen für die germanistische Forschung." Die Herausforderungen in diesem Bereich bestehen darin, Daten zu erheben, adäquat abzubilden, zu archivieren, zu annotieren und für die Forschung zugänglich zu machen. Diesem Forschungsschwerpunkt widmet sich die sogenannte „Digitale Sprachwissenschaft"; eine gleichnamige Abteilung wurde kürzlich am Leibniz-Institut für Deutsche Sprache in Mannheim gegründet (http://www1.ids-mannheim.de/s/).

Zusammengefasst lauten die übergeordneten Fragen, denen sich die Internetlinguistik stellt:

1. Wie nimmt die Internettechnologie Einfluss auf unsere Sprache, auf unsere Kommunikation, auf unser Interaktionsverhalten und damit auch auf unsere Kultur?

2. Mit welchen Methoden können wir diese Prozesse untersuchen?

3. Wie können die Daten dazu erhoben, archiviert und für andere zugänglich gemacht werden?

2.   Zur Handhabung des bibliografischen Teils

Aufgrund des hochaktuellen Sprachmaterials, das in Kommunikationsumgebungen entsteht, die Lehrenden und Studierenden aus unmittelbaren Alltagserfahrungen vertraut sind, besteht ein großes Interesse, sich mit internetlinguistischen Fragestellungen in akademischen Lehrveranstaltungen auseinanderzusetzen.

Mit zwei Feststellungen Studierender bin ich als Lehrende bei Referatsvorbereitungen oder bei Besprechungen für Hausarbeiten überdurchschnittlich häufig konfrontiert:

1. Es gibt keine Literatur.

Das widerlegt dieser Band der Literaturhinweise zur Linguistik (Lizuli).

In den ersten Teil (B1) habe ich Bücher und Aufsätze aufgenommen, die einen Überblick über das weite Spektrum der Internetlinguistik von den Anfängen bis heute geben.

Ab Kapitel B2 beginnt die themenzentrierte Sortierung, die sich ausrichtet an dem Kommunikationsraum, den darin möglichen Spezifika der Kommunikation (B3), den im Web Interagierenden (B4), den Kommunikationsplattformen, auf denen sich die Interagierenden bewegen und den Kommunikationsformen, die sie hervorbringen (B5).

Es gibt einige Publikationen, die mehreren Kategorien zugeordnet werden können. In solchen Fällen habe ich nach Schwerpunkten entschieden. Das sei an einem Beispiel expliziert: Der Aufsatz *Sprachliche Strategien verbaler Ablehnung in öffentlichen Diskussionsforen im Internet* von Sonja Kleinke (2007) setzt sich mit Kommunikation auseinander, die in Foren stattfindet, und hätte deshalb unter dem Gliederungspunkt 5.3 (Foren) eingetragen werden können. Viel stärker als Mechanismen in der Forenkommunikation werden aber in diesem Aufsatz die Strategien verbaler Ablehnung fokussiert, so dass er unter 4.3 (Von Lug und Trug bis Hate) geeigneter untergebracht wurde.

2. Ich weiß nicht, wie ich an Daten gelangen soll.

Dem kann Abhilfe schaffen, wer die in Kapitel 6 zusammengetragenen bibliografischen Angaben studiert. Hilfreich ist hier auch das Unterkapitel 6.2, das die Namen und Internetadressen derzeit zugänglicher Korpora (6.2) enthält. In Kapitel 7 habe ich die Perspektive der ohnehin interdisziplinär angelegten Internetlinguistik auf Nachbardisziplinen erweitert.

Die Internetlinguistik ist eine so lebendige Disziplin, dass dieser Band der Literaturhinweise zur Linguistik (Lizuli) nur eine Momentaufnahme widerspiegeln kann. Noch im Erscheinungsjahr werden zahlreiche neue Publikationen auf den Markt kommen, schließlich ergeben sich auf dem Gebiet „Sprache und Internet" viele Forschungsfragen und die Forschungsaktivitäten sind erfreulich rege.

Aus diesem Grund sind in Kapitel 8 einschlägige Zeitschriften aufgeführt und auch auf den in Kapitel 9 benannten Blogs kann man sich über aktuelle Forschungsfragen der linguistischen Internetforschung auf dem Laufenden halten. Dabei wünsche ich viel Freude und Inspiration.

Bedanken möchte ich mich bei Helena Buhl, die bei der Recherche behilflich war und bei der Formatierung des Manuskripts.

Greifswald im April 2019   Konstanze Marx

Literatur zum einleitenden Teil:

ALBERT, Georg (2013): Innovative Schriftlichkeit in digitalen Texten. Berlin: Akademie-Verlag.

ANDROUTSOPOULOS, Jannis (2007): Neue Medien – neue Schriftlichkeit? In: Mitteilungen des Deutschen Germanistenverbandes 54, 1, 72–97.

ANDROUTSOPOULOS, Jannis (2013): Online data collection. In: Mallinson, Christine/Childs, Becky/Herk, Gerard Van (eds.): Data Collection in Sociolinguistics: Methods and Applications. London/New York: Routledge, 236–250.

ANDROUTSOPOULOS, Jannis K. (2014): „Mediatization and sociolinguistic change. Key concepts, research traditions and open issues", in: Jannis K. Androutsopoulos (Hg.): Mediatization and sociolinguistic change, Berlin, Boston: de Gruyter, 3–48.

BEDIJS, Kristina (2014): Shared Face and Face Enhancing Behaviour in Social Media: Commenting on the Spanish Goalkeeper's Tears on YouTube. In: Bedijs, Kristina/Held, Gudrun/Maaß, Christiane (eds.): Face Work and Social Media. Wien/Zürich: LIT Verlag, 131–153.

BEISSWENGER, Michael (2000): Kommunikation in virtuellen Welten: Sprache, Text und Wirklichkeit. Eine Untersuchung zur Konzeptionalität von Kommunikationsvollzügen und zur textuellen Konstruktion von Welt in synchroner Internet-Kommunikation, exemplifiziert am Beispiel eines Webchats. Magisterarbeit, Universität Heidelberg.

CRYSTAL, David (2005): The scope of Internetlinguistics. Paper given online for the American Association for the Advancement of Science Meeting. 18. Februar 2005.
http://www.davidcrystal.com/books-and-articles/internet-language

CRYSTAL, David (2001): Language and the Internet. Cambridge: Cambridge University Press.

CRYSTAL, David (2011): Internet Linguistics. London/New York: Routledge.

DÜRSCHEID, Christa/Frick, Karina (2016): Schreiben digital – Wie das Internet unsere Alltagskommunikation verändert. Stuttgart: Alfred Kröner.

FEILKE, Helmuth/HENNIG, Mathilde (Hg.) (2016): Zur Karriere von ‚Nähe und Distanz'. Rezeption und Diskussion des Koch-Oesterreicher-Modells. Berlin/Boston: de Gruyter.

FILINSKI, Peter (1998): Chatten in der Cyber-World. Bonn: VMI Buch.

HAASE, Martin/HUBER, Michael/KRUMEICH, Alexander/REHM, Georg (1997): Internetkommunikation und Sprachwandel. In: Weingarten, Rüdiger (Hg.): Sprachwandel durch Computer. Opladen: Westdeutscher Verlag, 51–85.

HERITAGE, John (1984): Garfinkel and Ethnomethodology. Cambridge: Polity Press.

JASPER, Dirk (1997): Internet Newsgroups. Suchen, Anzapfen, Nutzen, Diskutieren. Düsseldorf: Econ & List.

JUCKER, Andreas/DÜRSCHEID, Christa (2012): The Linguistics of Keyboard- to-screen Communication. A New Terminological Framework. In: Linguistik online 6, 39–64.
http://www.linguistik-online.de/56_12/juckerDuerscheid.pdf

KENTNER, Ute (2017): Grinsen uns Emojis die Sprache weg? 20.11.2017, 13:33. SRF.ch.
https://www.srf.ch/kultur/netzwelt/grinsen-uns-emojis-die-sprache-weg

KIRSCHNER, Heiko (2015): Zurück in den Lehnstuhl. Lebensweltliche Ethnographie in interaktiven Medienumgebungen. In: Hitzler, R./Gothe, M. (Hg.): Ethnographische Erkundungen, Erlebniswelten. Wiesbaden: Springer Fachmedien, 211–230.

KOCH, Peter/OESTERREICHER, Wulf (1985): Sprache der Nähe – Sprache der Distanz. Mündlichkeit und Schriftlichkeit im Spannungsfeld von Sprachtheorie und Sprachgeschichte. In: Romanistisches Jahrbuch, 36, 15–43.

LOBIN, Henning/SCHNEIDER, Roman/WITT, Andreas (Hg.) (2018): Digitale Infrastrukturen für die germanistische Forschung. Berlin/New York: de Gruyter.

LOTZE, Netaya/MARX, Konstanze (i. Dr./2019): Jugendsprache und Medien. In: Bahlo, Nils/Becker, Tabea, Kalkavan-Aydin, Zeynep/ Lotze, Netaya/Marx, Konstanze/Schwarz, Christian/Simsek, Yazgül (Hg.): Jugendsprache. Stuttgart: Metzler.

MARX, Konstanze (2017): Rekontextualisierung von Hate Speech als Aneignungs- und Positionierungsverfahren in Sozialen Medien. In: Aptum 02, 17, 132–147.

MARX, Konstanze/WEIDACHER, Georg (2019): Internetlinguistik. Starter. Tübingen: Narr.

MEIER, Simon/VIEHHAUSER, Gabriel (Hg.) (i.Dr./2019): Rekontextualisierung als Forschungsparadigma des Digitalen (= OPAL). Mannheim: Institut für Deutsche Sprache.

OSTERROTH, Andreas (2015): Das Internet-Meme als Sprache-Bild-Text. In: IMAGE 22, 26-46.

POINTNER, Nico (2012): Rechtschreibrat-Chef: Twitter und SMS schaden der Sprache. 21.12.2012, 7:59. dpa.
https://www.heise.de/newsticker/meldung/Rechtschreibrat-Chef-Twitter-und-SMS-schaden-der-Sprache-1773445.html

PRATTO, Felicia/JOHN, Oliver P. (1991): Automatic vigilance: The attention-grabbing power of negative social information. Journal of Personality & Social Psychology 61, 3, 380–391.

REISIGL, Martin/WODAK, Ruth (2009): The discourse-historical approach. In: Ruth Wodak, Ruth/Meyer, Michael (Hg.): Methods of Critical Discourse Analysis, London: Sage, 87–121.

SHOEMAKER, Pamela J. (1996): Hardwired for the news. Using biological and cultural evolution to explain the surveillance function. In: Journal of Communication 46, 3, 32–47.

SCHLOBINSKI, Peter (2001): *knuddel – zurueckknuddel – dich ganz-dollknuddel*. Inflektive und Inflektivkonstruktionen im Deutschen. In: Zeitschrift für germanistische Linguistik 29, 192–218.

STORRER, Angelika (2017): Internetbasierte Kommunikation. In: Deutsche Akademie für Sprache und Dichtung; Union der deutschen Akademien der Wissenschaften (Hg.): Vielfalt und Einheit der deutschen Sprache. Zweiter Bericht zur Lage der deutschen Sprache. Tübingen: Stauffenburg, 247–282.

B. BIBLIOGRAFISCHER TEIL

1. Für einen Überblick von den Anfängen bis heute

1. ANDROUTSOPOULOS, Jannis (2016): Digitale Medien: Ressourcen und Räume für interkulturelle Praktiken. In: Networx 74.
    https://www.mediensprache.net/networx/networx-74.pdf

2. ANDROUTSOPOULOS, Jannis/RUNKEHL, Jens/SCHLOBINSKI, Peter/SIEVER, Torsten (Hg.) (2006): Neuere Entwicklungen in der linguistischen Internetforschung. Hildesheim: Olms.

3. ANDROUTSOPOULOS, Jannis (2011): Language change and digital media: A review of conceptions and evidence. In: Tore, Kristiansen/Coupland, Nikolas (eds.): Standard languages and language standards in a changing Europe. Oslo: Novus, 45–161.

4. BARON, Naomi S. (2008): Always on. Language in an Online and Mobile World. Oxford: Oxford University Press.

5. BARTON, David/LEE, Carmen (2013): Language Online. Investigating Digital Texts and Practices. London/New York: Routledge.

6. BECK, Klaus (2006): Computervermittelte Kommunikation im Internet. München: Oldenbourg.

7. BEISSWENGER, Michael (2001): Chat-Kommunikation. Sprache, Interaktion, Sozialität & Identität in synchroner computervermittelter Kommunikation. Perspektiven auf ein interdisziplinäres Forschungsfeld. Stuttgart: ibidem.

8. BEISSWENGER, Michael (Hg.) (2017): Empirische Erforschung internetbasierter Kommunikation. Berlin/Boston: de Gruyter.

9. BEISSWENGER, Michael/HOFFMANN, Ludger/STORRER, Angelika (Hg.) (2004): Internetbasierte Kommunikation. In: Themenheft der Osnabrücker Beiträge zur Sprachtheorie OBST 68.

10. BERK, Emily/DEVLIN, Joseph (eds.) (1991): Hypertext/Hypermedia Handbook. New York: Intertext Publications McGraw-Hill.

11. BLEICHER, Joan Kristin (2010): Internet. Konstanz: UVK.

12. BORGMAN, Christine L. (2009): The Digital Future is Now: A Call to Action for the Humanities. In: Digital Humanities Quarterly 3, 4.

13. BUBENHOFER, Noah/SCHARLOTH, Joachim/EUGSTER, David (2015): Rhizome digital: Datengeleitete Methoden für alte und neue Fragestellungen in der Diskursanalyse. In: Zeitschrift für Diskursforschung 1 (Sonderheft Diskurs, Interpretation, Hermeneutik), 144–172.

14. BUCHER, Hans-Jürgen/ERLHOFER, Sebastian/KALLASS, Kerstin/LIEBERT, Wolf-Andreas (2008): Netzwerkkommunikation und Internet-Diskurse: Grundlagen eines netzwerkorientierten Kommunikationsbegriffs In: Zerfaß, Ansgar/Welker, Martin/Schmidt, Jan (Hg.): Kommunikation, Partizipation und Wirkungen im Social Web. Band 1: Grundlagen und Methoden – Von der Gesellschaft zum Individuum. Köln: von Halem, 41-60.

15. CRYSTAL, David (2001): Language and the Internet. Cambridge: Cambridge University Press.

16. CRYSTAL, David (2011): Internet Linguistics. London/New York: Routledge.

17. DÖRING, Nicola (2013): C 5 Modelle der Computervermittelten Kommunikation. In: Kuhlen, Rainer/Semar, Wolfgang/Strauch, Dietmar (Hg.): Grundlagen der praktischen Information und Dokumentation. 6. Ausgabe. Berlin/New York: de Gruyter, 424–430.

18. DÜRSCHEID, Christa/FRICK, Karina (2016): Schreiben digital. Wie das Internet unsere Alltagskommunikation verändert. Stuttgart: Kröner.

19. FRINDTE, Wolfgang/KÖHLER, Thomas (Hg.) (1999): Kommunikation im Internet. Frankfurt/Main [u. a.]: Lang.

20. GEORGAKOPOULOU, Alexandra/SPILIOTI, Tereza (eds.) (2015): The Routledge handbook of language and digital communication. London: Routledge.

21. HAUBEN, Michael/HAUBEN, Ronda (1996): Netizens: On the history and impact of Usenet and the internet. Los Alamitos: Wiley-IEEE Computer Society Press.
     http://www.columbia.edu/~hauben/netbook/

22. HERRING, Susan (ed.) (1996): Computer-mediated communication: Linguistic, social and cross-cultural perspectives. Amsterdam: Benjamins.

23. HERRING, Susan (2001): Computer-mediated discourse. In: Schiffrin, Deborah/Tannen, Deborah/Hamilton, Heidi (eds.): The Handbook of Discourse Analysis. Oxford: Blackwell, 612–634.

24. HERRING, Susan (2002): Computer-mediated communication on the Internet. In: Annual Review of Information Science and Technology 36, 109–168.

25. HERRING, Susan (2004): Slouching toward the ordinary: Current trends in computer-mediated communication. In: New Media & Society 6, 1, 26–36.

26. HERRING, Susan/STEIN, Dieter/VIRTANEN, Tuija (eds.) (2013): Pragmatics of Computer-Mediated Communication. Berlin/New York: de Gruyter.

27. HERRING, Susan/STEIN, Dieter/VIRTANEN, Tuija (2013): Introduction to the pragmatics of computer-mediated communication. In: Herring, Susan/Stein, Dieter/Virtanen, Tuija (eds.): Pragmatics of Computer-Mediated Communication. Berlin/New York: de Gruyter, 3–32.

28. HÖFLICH, Joachim R. (1996): Technisch vermittelte interpersonale Kommunikation. Grundlagen, organisatorische Medienverwendung, Konstitution ,elektronischer Gemeinschaften'. Opladen: Westdeutscher Verlag.

29. HÖFLICH, Joachim R. (2005): Medien und interpersonale Kommunikation. In: Jäckel, Michael (Hg.): Mediensoziologie: Grundfragen und Forschungsfelder. Wiesbaden: VS Verlag für Sozialwissenschaften, 69–90.

30. HOLLY, Werner (1996): Alte und neue Medien. Zur inneren Logik der Mediengeschichte. In: Rüschoff, Bernd/Schmitz, Ulrich (Hg.): Kommunikation und Lernen mit alten und neuen Medien. Beiträge zum Rahmenthema „Schlagwort Kommunikationsgesellschaft" der 26. Jahrestagung der Gesellschaft für Angewandte Linguistik GAL e. V. Frankfurt/Main: Lang, 9–16.

31. HUBER, Melanie (2010): Kommunikation im Web 2.0. Twitter, Facebook & Co. Konstanz: UVK.

32. JANNIDIS, Fotis/KOHLE, Hubertus/REHBEIN, Malte (Hg.) (2017): Digital Humanities: Eine Einführung. Stuttgart: Metzler.

33. JUCKER, Andreas H./DÜRSCHEID, Christa (2012): The Linguistics of Keyboard-to-screen Communication. A New Terminological Framework. In: Linguistik Online 6, 39–64.
     http://www.linguistik-online.de/56_12/juckerDuerscheid.pdf

34. KATZENBACH, Christian (2017): Die Regeln digitaler Kommunikation. Governance zwischen Norm, Diskurs und Technik. Wiesbaden: Springer VS.

35. KLUBA, Markus (2000): Der Mensch im Netz. Auswirkungen und Stellenwert computervermittelter Kommunikation. In: Networx 17.
     http://www.mediensprache.net/networx/networx-17/ CMC_home.html

36. LAZER, David/PENTLAND, Alex/ADAMIC, Lada/ARAL, Sinan/BARABASI, Albert Laszlo/BREWER, Devon/CHRISTAKIS, Nicholas/CONTRACTOR, Noshir/FOWLER, James/GUTMANN, Myron/JEBARA, Tony/KING, Gary/MACY, Michael/ROY, Deb/VAN ALSTYNE, Marshall (2009): Life in the Network: The Coming Age of Computational Social Science. In: Science 323, 5915, 721–723.
     https://www.ncbi.nlm.nih.gov/pmc/articles/PMC2745217/

37. LENKE, Nils/SCHMITZ, Peter (1995): Geschwätz im globalen Dorf – Kommunikation im Internet. In: Schmitz, Ulrich (Hg.): Neuen Medien. Themenheft der Osnabrücker Beiträge zur Sprachtheorie (= OBST 50), 117–141.

38. LOBIN, Henning (2018): Digital und vernetzt – Das neue Bild der Sprache. Stuttgart: Metzler.

39. LOBIN, Henning (2011): Sprache als Kulturtechnik – Das Forschungsfeld ‚Kultur, Sprache und neue Medien'. In: Hauthal, Janine/Zierold, Martin/Carl, Horst (Hg.): Kulturwissenschaft exemplarisch. Gießener Forschungsbeiträge zu acht Kernkonzepten (= Giessen Contributions to the Study of Culture, 7). Trier: WVT Wissenschaftlicher Verlag, 111–113.

40. MARESCH, Rudolf/RÖTZER, Florian (Hg.) (2001): Cyberhypes. Möglichkeiten und Grenzen des Internet. Frankfurt/Main: Suhrkamp.

41. MARX, Konstanze/SCHMIDT, Axel (2017): Medien und Interaktion. In: Sprachreport 33, 22–33.
     https://ids-pub.bsz-bw.de/frontdoor/deliver/index/docId/6653/file/Schmidt_Marx_Interaktion_2017.pdf

42. MARX, Konstanze/SCHWARZ-FRIESEL, Monika (Hg.) (2013): Sprache und Kommunikation im technischen Zeitalter. Wieviel Internet (v)erträgt unsere Gesellschaft?. Berlin/New York: de Gruyter.

43. MARX, Konstanze/WEIDACHER, Georg (2014): Internetlinguistik. Ein Lehr- und Arbeitsbuch. Tübingen: Narr.

44. MISOCH, Sabina (2006): Online-Kommunikation. Konstanz: UVK.

45. MORALDO, Sandro M. (Hg.) (2009): Internet.kom – Neue Sprach- und Kommunikationsformen im WorldWideWeb. Band 1: Kommunikationsplattformen. Rom: Aracne.

46. MORALDO, Sandro M. (Hg.) (2011): Internet.kom – Neue Sprach- und Kommunikationsformen im WorldWideWeb. Band 2: Medialität, Hypertext, digitale Literatur. Rom: Aracne.

47. MÜNKER, Stefan/ROESLER, Alexander (Hg.) (1997): Mythos Internet. Frankfurt/Main: Suhrkamp.

48. O'REILLY, Tim (2007): What is Web 2.0: Design Patterns and Business Media for the Next Generation Software. In: International Journal of Digital Economics 65, 17–37.
     https://mpra.ub.uni-muenchen.de/4580/I/MPRA_paper_4580.pdf

49. RUNKEHL, Jens/SCHLOBINSKI, Peter/SIEVER, Torsten (1998): Sprache und Kommunikation im Internet. Überblick und Analysen. Opladen: Westdeutscher Verlag.

50. RUNKEHL, Jens (2012): Vom Web 1.0 zum Web 2.0. In: Der Deutschunterricht 6, 2–9.

51. SCHLOBINSKI, Peter/Siever, Torsten (2000): Kommunikationspraxen im Internet. In: Der Deutschunterricht 1, 54–65.

52. SCHLOBINSKI, Peter (Hg.) (2006): Von „hdl" bis „cul8r". Sprache und Kommunikation in den neuen Medien. Mannheim: Duden.

53. SCHLOBINSKI, Peter (2012): Der Mythos von der Cybersprache – und seine sprachpuristischen Folgen. In: Anderwald, Lieselotte (Hg.): Sprachmythen – Fiktion oder Wirklichkeit. Frankfurt/Main [u.a.]: Lang, 185–197.

54. SCHLOBINSKI, Peter/SIEVER, Torsten (Hg.) (2012): Sprache und Kommunikation im Web 2.0. Der Deutschunterricht 6.

55. SCHLOBINSKI, Peter/RUNKEHL, Jens/SIEVER, Torsten (2018): Web X.0 – Das Internet in 10 Jahren. In: Networx 53.
     https://www.mediensprache.net/networx/networx-53.pdf

56. SCHMID, Johannes C. P./VEITS, Andreas/VORRATH, Wiebke (Hg.) (2018): Praktiken medialer Transformationen. Übersetzungen in und aus dem digitalen Raum. Bielefeld: transcript.

57. SCHMIDT, Jan (2011): Das neue Netz. Merkmale, Praktiken und Folgen des Web 2.0. Köln: von Halem.

58. SCHMITT, Kathrin (2010): Neue Medien, neue Sprache. Marburg: Tectum.

59. SCHMITZ, Ulrich (Hg.) (1995): Neuen Medien. Themenheft der Osnabrücker Beiträge zur Sprachtheorie OBST 50.

60. SCHMITZ, Ulrich (2004): Sprache in modernen Medien. Einführung in Tatsachen und Theorien, Themen und Thesen. Berlin: Erich Schmidt.

61. SCHNITZER, Caroline-Victoria (2012): Linguistische Aspekte der Kommunikation in den neueren elektronischen Medien. SMS – E-Mail – Facebook. Dissertation: LMU München.

62. SIEVER, Torsten (2005): Von MfG bis cu l8er. Sprachliche und kommunikative Aspekte von Chat, E-Mail und SMS. In: Der Sprachdienst 5–6, 137–147.

63. SIEVER, Torsten/SCHLOBINSKI, Peter/RUNKEHL, Jens (Hg.) (2005): Websprache.net – Sprache und Kommunikation im Internet. Berlin/New York: de Gruyter.

64. SIEVER, Torsten/SCHLOBINSKI, Peter (Hg.) (2012): Entwicklungen im Web 2.0. Ergebnisse des III. Workshops zur linguistischen Internetforschung. Frankfurt/Main [u. a.]: Lang.

65. STORRER, Angelika (2017): Internetbasierte Kommunikation. In: Deutsche Akademie für Sprache und Dichtung/Union der deutschen Akademien der Wissenschaften (Hg.): Vielfalt und Einheit der deutschen Sprache. Zweiter Bericht zur Lage der deutschen Sprache. Tübingen: Stauffenburg, 247–282.

66. TAGG, Caroline (2015): Exploring Digital Communication. Language in Action. New York/London: Routledge.

67. TANNEN, Deborah/TRESTER, Anna Marie (eds.) (2013): Discourse 2.0. Language and New Media. Washington, DC: Georgetown University Press.

68. THURLOW, Crispin/LENGEL, Laura/TOMIC, Alice (2004): Computer Mediated Communication. Social Interaction and the Internet. Los Angeles: Sage.

69. THURLOW, Crispin/MROCZEK, Kristine (eds.) (2011): Digital Discourse. Language in the new Media. Oxford: Oxford University Press.

70. TIENKEN, Susanne (2015): Neue Medien, neue Formen? Hybridisierung als Aspekt sozialen Wandels. In: Luginbühl, Martin/Hauser, Stefan (Hg.): Hybridisierung und Differenzierung: Kontrastive Perspektiven linguistischer Medienanalyse. Bern: Lang, 31–56.

71. VESZELSZKI, Ágnes (2017): Digilect. The Impact of Infocommunication Technology on Language. Berlin/Boston: de Gruyter.

72. WAGNER, Jörg (2002): Mensch-Computer-Interaktion. Sprachwissenschaftliche Aspekte. Frankfurt/Main [u. a.]: Lang.

73. WALTHER, Joseph B. (2012): Interaction through technological lenses: Computer-mediated communication and language. In: Journal of Language and Social Psychology 31, 4, 397–414.

74. WEINGARTEN, Rüdiger (2001): Voraussetzungen und Formen technisch realisierter Kommunikation. In: Antos, Gerd/Brinker, Klaus/Heinemann, Wolfgang/Sager, Sven (Hg.): Handbuch Text- und Gesprächslinguistik. Berlin/New York: de Gruyter, 1141–1148.

75. WEHNER, Josef (2008): „Social Web" – Zu den Rezeptions- und Produktionsstrukturen im Internet. In: Jäckel, Michael/Mai, Manfred (Hg.): Medienmacht und Gesellschaft. Zum Wandel öffentlicher Kommunikation. Frankfurt/Main: Campus, 197–218.

76. WELLER, Clemens (2014): 1996-2000 World Wide Web – die Killerapplikation des Internet.
http://www.weller.to/his/h16-1996-2000-internet-und-www.htm

77. YUS, Francisco (2011): Cyberpragmatics: internet-mediated communication in context. Amsterdam: Benjamins.

78. ZEBROWSKA, Ewa (2013): Text – Bild – Hypertext (= Warschauer Studien zur Germanistik und zur Angewandten Linguistik 10). Frankfurt/Main [u. a.]: Lang.

79. ZERFASS, Ansgar/WELKER, Martin/SCHMIDT, Jan (Hg.) (2008): Kommunikation, Partizipation und Wirkungen im Social Web. Band 1: Grundlagen und Methoden – Von der Gesellschaft zum Individuum. Köln: Herbert von Halem.

2.   Ein Kommunikationsraum zwischen Privatheit und Öffentlichkeit, auch zwischen Virtualität und Realität?

80.   Boyd, Danah (2008): None of this is Real. In: Karaganis, Joe (ed.): Structures of Participation in Digital Culture. New York: Social Science Research Council, 132–157.

81.   Eble, Michael J. (2013): Online-Medien und Social-Web: Ansätze zur Analyse der Verschränkung von Öffentlichkeiten in einem Multi-Plattformen-Design. In: Fraas, Claudia/Meier, Stefan/Pentzold, Christian (Hg.): Online Diskurse. Theorien und Methoden transmedialer Online-Diskursforschung. Köln: Herbert von Halem.

82.   Höflich, Joachim R. (2005): The mobile phone and the dynamic between private and public communication: results of an international exploratory study. In: Glotz, Peter/Bertschi, Stefan/Locke, Chris (eds.): Thumb Culture. The Meaning of Mobile Phones for Society. Bielefeld: transcript, 123–135.

83.   Kosinski, Michal/Stillwell, David/Graepel, Thore (2013): Private Traits and Attributes are Predictable from Digital Records of Human Behavior. In: Proceedings of the National Academy of Sciences 110, 15, 5802–5805.

84.   Pöschl, Sandra/Döring, Nicola (2013): Access anytime, anywhere, with anyone? In: Marx, Konstanze/Schwarz-Friesel, Monika (Hg.): Sprache und Kommunikation im technischen Zeitalter. Wieviel Internet (v)erträgt unsere Gesellschaft? Berlin/New York: de Gruyter, 279–311.

85.   Pscheida, Daniela/Trültzsch, Sascha (2011): Aufmerksamkeit, Authentizität, Kommunikativität: Eine Studie zur Analyse veröffentlichter Privatheit im Bild. In: Neumann-Braun, Klaus/Autenrieth, Ulla Patricia (Hg.): Freundschaft und Gemeinschaft im Social Web. Bildbezogenes Handeln und Peergroup-Kommunikation auf Facebook & Co. Baden-Baden: Nomos, 163–176.

86.   Sadler, Kirsten/Robertson, Toni/Kann, Melanie (2006): „It's Always There, It's Always On": Australian Freelancer's Management of Availability Using Mobile Technologies. In: Proceedings of the Mobile HCI, Helsinki. New York: ACM, 49–52.

3.   Spezifika digitaler Kommunikation

3.1   Hypertextualität

87.   FREISLER, Stefan (1994): Hypertext – eine Begriffsbestimmung. In: Deutsche Sprache 1, 19–50.

88.   HUBER, Oliver (2002): Hyper-Text-Linguistik. TAH: Ein textlinguistisches Analysemodell für Hypertexte. Theoretisch und praktisch exemplifiziert am Problemfeld der typisierten Links von Hypertexten im WWW. Dissertation, Universität München.
https://edoc.ub.uni-muenchen.de/921/1/Huber_Oliver.pdf

89.   JAKOBS, Eva-Maria (2004): Hypertextsorten. In: Zeitschrift für germanistische Linguistik 31, 2, 232–252.

90.   JAKOBS, Eva Maria/LEHNEN, Katrin (2005): Hypertext – Klassifikation und Evaluation. In: Siever, Torsten/Schlobinski, Peter/Runkehl, Jens (Hg.): Websprache.net – Sprache und Kommunikation im Internet. Berlin/New York: de Gruyter, 159–184.

91.   JAKOBS, Eva-Maria (2011): Hypertextuelle Kommunikate. In: Moraldo, Sandro M. (Hg.): Internet.kom. Neue Sprach- und Kommunikationsformen im WorldWideWeb. Band 2: Medialität, Hypertext, digitale Literatur. Rom: Aracne, 57–79.

92.   LAM, Phoenix W.Y. (2013): Interdiscursivity, hypertextuality, multimodality: A corpus-based multimodal move analysis of Internet group buying deals. In: Journal of Pragmatics 51, 13–39.

93.   LEHNEN, Katrin (2006): Hypertext – kommunikative Anforderungen am Beispiel von Websites. In: Schlobinski, Peter (Hg.): Von „hdl" bis „cul8r". Sprache und Kommunikation in den Neuen Medien. Mannheim: Duden, 197–209.

94.   LOBIN, Henning (Hg.) (1999): Text im digitalen Medium. Linguistische Aspekte von Textdesign, Texttechnologie und Hypertext Engineering. Wiesbaden: Westdeutscher Verlag.

95.   REHM, Georg (2005): Hypertextsorten. Definition – Struktur – Klassifikation. Veröffentlichte Inaugural-Dissertation. Justus-Liebig-Universität Gießen.
http://geb.uni-giessen.de/geb/volltexte/2006/2688/

96.   SAGER, Sven Frederik (2000): Hypertext und Hypermedia: In: Brinker, Klaus/Antos, Gerd/Heinemann, Wolfgang/Sager, Sven Frederik (Hg.): Text- und Gesprächslinguistik. Ein internationales Handbuch zeitgenössischer Forschung. Berlin/New York: de Gruyter, 587–603.

97.   SANDBOTHE, Mike (1997): Interaktivität – Hypertextualität – Transversalität. Eine medienphilosophische Analyse des Internet. In: Münker, Stefan/Roesler, Alexander (Hg.): Mythos Internet. Frankfurt/Main: Suhrkamp, 56–82.

98.   SCHIRNHOFER, Michaela (2010): Textdesign von nicht-linearen Texten in der massenmedialen Kommunikation. Vorläufer, Erscheinungsformen und Wirkungen – Textfunktion zwischen Information und Appellation. Frankfurt/Main: Lang.

99.   SCHÖNEFELD, Tim (2001): Bedeutungskonstitution im Hypertext. In: Networx 19.
        https://www.mediensprache.net/networx/networx-19.pdf

100.   STORRER, Angelika (2000): Was ist „hyper" am Hypertext? In: Kallmeyer, Werner (Hg.): Sprache und neue Medien. Berlin/New York: de Gruyter, 222–249.

101.   STORRER, Angelika (2002): Coherence in text and hypertext. In: Document Design 3, 2, 1–16.
        http://www.studiger.tu-dortmund.de/images/Storrer_2002_coherence_in_text_and_hypertext.pdf

102.   STORRER, Angelika (2004): Hypertext und Texttechnologie. In: Knapp, Karlfried/Antos, Gerd/Becker-Mrotzek, Michael/Deppermann, Arnulf/Göpferich, Susanne/Grabowski, Joachim/Klemm, Michael/Villiger, Claudia (Hg.): Angewandte Linguistik. Tübingen: Francke, 207–228.

103.   WENZ, Karin (2001): Zeichen lesen: Hypertext revisited. In: Hess-Lüttich, Ernest W. B. (Hg.): Medien, Texte und Maschinen. Angewandte Mediensemiotik. Wiesbaden: Westdeutscher Verlag, 91–103.

3.2   Interaktivität

104.   BIEBER, Christoph/LEGGEWIE, Claus (Hg.) (2004): Interaktivität. Ein transdisziplinärer Schlüsselbegriff. Frankfurt/Main: Campus Verlag.

105.   DRESNER, Eli (2005): The topology of auditory and visual perception, linguistic communication, and Interactive Written Discourse. In: Language@Internet 2, 2.
        http://www.languageatinternet.org/articles/2005/161/Dresner0607_DOULOS.rtf.pdf

106.   EISENCHLAS, Susana A. (2011): Online interactions as a resource to raise pragmatic awareness. In: Journal of Pragmatics 41, 1, 51–61.

107.   MCMILLAN, Sally (2002): A four-part model of cyber-interactivity: Some cyber-places are more interactive than others. In: New Media Society 4, 2, 271–291. Neuberger, Christoph (2007): Interaktivität, Interaktion, Internet. Eine Begriffsanalyse. In: Publizistik 52, 1, 33–50.

108.   RAFAELI, Sheizaf (1988): Interactivity. From new media to communication. In: Hawkins, Robert P./Wiemann, John/Pingree, Suzanne (eds.): Advancing communication science. Merging mass and interpersonal processes. Newbury Park: Sage, 110–134.
        http://www.academia.edu/533664/Interactivity_From_new_media_to_communication

109.   RAFAELI, Sheizaf/SUDWEEKS, Fay (1997): Networked Interactivity. In: Journal of Computer-Mediated Communication 2, 4, 157–179.

3.3   Multimodalität und semiotisches Repertoire: Emojis, Hashtags, Memes

110. ANDROUTSOPOULOS, Jannis (2010): Multimodal – intertextuell – heteroglossisch: Sprach-Gestalten in „Web 2.0"-Umgebungen. In: Deppermann, Arnulf/Linke, Angelika (Hg.): Sprache intermedial. Stimme und Schrift, Bild und Ton (= Jahrbuch des Instituts für Deutsche Sprache, 2009). Berlin/New York: de Gruyter, 419–445.

111. BATEMAN, John A./WILDFEUER, Janina/HIIPPALA, Tuomo (2017): Multimodality. Foundations, Research, Analysis. A Problem-Oriented Introduction. Berlin/New York: de Gruyter.

112. BUCHER, Hans-Jürgen (2011): Multimodales Verstehen oder Rezeption als Interaktion. Theoretische und empirische Grundlagen einer systematischen Analyse der Multimodalität. In: Diekmannshenke, Hajo/Klemm, Michael/Stöckl, Hartmut (Hg.): Bildlinguistik. Theorien – Methoden – Fallbeispiele (= Philologische Studien und Quellen 228). Berlin: Erich Schmidt, 123–156.

113. DAVIDSEN, Jakob/CHRISTIANSEN, Ellen (2014): Mind the hand: A study on children's embodied and multimodal collaborative learning around touchscreens. In: Designs for Learning 7, 1, 34–54.

114. DÖLLING, Evelyn (2001): Multimediale Texte: Multimodalität und Multicodalität. In: Hess-Lüttich, Ernest (Hg.): Medien, Texte und Maschinen. Wiesbaden: Westdeutscher Verlag, 35–51.

115. KRESS, Gunther (2010): Multimodality. A social semiotic approach to contemporary communication. London/New York: Routledge.

116. NAPER, Ida (2011): Conversation in a multimodal 3D virtual environment. In: Language@Internet 8, 7.
http://www.languageatinternet.org/articles/2011/Naper/naper.pdf

117. OPILOWSKI, Roman (2013): Von der Textlinguistik zur Bildlinguistik. Sprache- Bild-Texte im neuen Forschungsparadigma. In: Zeitschrift des Verbandes Polnischer Germanisten 2, 3, 217–225.
http://docplayer.org/34173032-Von-der-textlinguistik-zur-bildlinguistik-sprache-bild-texte-im-neuenforschungsparadigma.html

118. PENTZOLD, Christian/SOMMER, Vivien/MEIER, Stefan/FRAAS, Claudia (2016): Reconstructing Media Frames in Multimodal Discourse: The John/Ivan Demjanjuk Trial. In: Discourse, Context & Media 12, 32–39.

119. SCHMITZ, Ulrich (2003): Lesebilder im Internet. Neue Koalitionen und Metamorphosen zwischen Text und Bild. In: Zeitschrift für Germanistik, Neue Folge XIII, 3, 605–628.

120. SCHMITZ, Ulrich (2003): Text-Bild-Metamorphosen in Medien um 2000. In: Wenzel, Horst (Hg.): Wissen und neue Medien. Bilder und Zeichen von 800 bis 2000. Berlin: Erich Schmidt, 241–263.

121. SCHMITZ, Ulrich (2006): Tertiäre Schriftlichkeit. Text-Bild-Beziehungen im World Wide Web. In: Schlobinski, Peter (Hg.): Von „hdl" bis

„cul8er". Sprache und Kommunikation in den Neuen Medien (= Thema Deutsch 7). Mannheim: Duden, 89–103.

122. SEIZOV, Ognyan/WILDFEUER, Janina (eds.) (2017): New Studies in Multimodality. Conceptual and Methodological Elaborations. London: Bloomsbury.

123. SIEVER, Christina (2015): Multimodale Kommunikation im Social Web. Forschungsansätze und Analysen zu Text-Bild-Relationen. Frankfurt/Main [u. a.]: Lang.

124. STÖCKL, Hartmut (2016): Multimodalität im Zeitalter des Social Web: Eine forschungsmethodische Skizze. In: Baechler, Coline/Eckkrammer, Eva/Müller-Lancé, Johannes/Thaler, Verena (Hg.): Medienlinguistik 3.0 – Formen und Wirkung von Textsorten im Zeitalter des Web. Berlin: Frank & Timme, 21–30.

125. STORRER, Angelika/WYSS, Eva Lia (2003): Pfeilzeichen: Formen und Funktionen in alten und neuen Medien. In: Schmitz, Ulrich/Wenzel, Horst (Hg.): Wissen und neue Medien. Bilder und Zeichen von 800 bis 2000. Berlin: Erich Schmidt, 159–195.

126. STORRER, Angelika (2004): Text-Bild-Bezüge und Nutzermetaphern im World Wide Web. In: Mitteilungen des Deutschen Germanistenverbandes 51, 1, 40–57.

127. WILDFEUER, Janina (2017): From Text to Performance: Discourse Analytical Thoughts on New Forms of Performances in Social Media. In: Sindoni, Maria Grazia/Wildfeuer, Janina/O'Halloran, Kay (eds.): Mapping Multimodal Performance Studies. New York/Abingdon: Routledge, 180–200.

128. ZICHEL, Jana (2016): Sprache im Layout. Analyse von kohäsionsstiftenden Mitteln auf Websites aus internetlinguistischer Perspektive. Masterarbeit, Technische Universität Berlin.

Semiotisches Repertoire: Emoticons, Emojis, Piktogramme

129. ALBERT, Georg (2015): Semiotik und Syntax von Emoticons. In: Zeitschrift für angewandte Linguistik 62, 1, 3–22.

130. COHN, Neil/ROIJACKERS, Tim/SCHAAP, Robin/ENGELEN, Jan (2018): Are emoji a poor substitute for words? Sentence processing with emoji substitution. In: The Cognitive Science Society.
https://mindmodeling.org/cogsci2018/papers/0295/0295.pdf

131. DANESI, Marcel (2017): The Semiotics of Emoji. The Rise of Visual Language in the Age of the Internet. London/New York: Bloomsbury.

132. DÜRSCHEID, Christa/SIEVER, Christina M. (2017): Jenseits des Alphabets – Kommunikation mit Emojis. In: Zeitschrift für Germanistische Linguistik 45, 2, 256–285.

133. GUIBON, Gaël/OCHS, Magalie/BELLOT, Patrice. From Emojis to Sentiment Analysis. WACAI 2016, Jun 2016, Brest, France. WACAI 2016, 2016.
https://hal-amu.archives-ouvertes.fr/hal-01529708/file/from_emoji_to_sentiment_analysis.pdf

134.   HERRING, Susan C./DAINAS, Ashley R. (2017): „Nice picture comment!"
       Graphicons in Facebook threads. Proceedings of the Fiftieth Hawai'i
       International Conference on System Sciences (HICSS-50). Los Alami-
       tos, CA: IEEE.
       https://pdfs.semanticscholar.org/5d5a/l4a7ff3dbb75aaf5b6015b773ad793f89a43.pdf

135.   IMO, Wolfgang (2015): Vom ikonischen über einen indexikalischen
       zu einem symbolischen Ausdruck? Eine konstruktionsgrammatische
       Analyse des Emoticons :-). In: Bücker, Jörg/Günthner, Susanne/Imo,
       Wolfgang (Hg.): Konstruktionsgrammatik V: Konstruktionen im Span-
       nungsfeld aus sequenziellen Mustern, kommunikativen Gattungen und
       Textsorten. Tübingen: Stauffenburg, 133–162.

136.   KAYE, Linda/MALONE, Stephanie/WALL, Helen (2017): Emojis: Insights,
       Affordances, and Possibilities for Psychological Science. In: Trends in
       Cognitive Sciences 21, 2, 66–68.

137.   MILLER, Hannah/THEBAULT-SPIEKER, Jacob/CHANG, Shuo/JOHNSON,
       Isaac/TERVEEN, Loren/HECHT, Brent (2016): "Blissfully happy" or
       "ready to fight": Varying Interpretations of Emoji. GroupLens Research,
       University of Minnesota.
       http://www-users.cs.umn.edu/~bhecht/publications/ICWSM2016_emoji.pdf

138.   PAPPERT, Steffen (2017): Zu kommunikativen Funktionen von Emojis
       in der WhatsApp-Kommunikation. In: Beißwenger, Michael (Hg.): Em-
       pirische Erforschung internetbasierter Kommunikation. Berlin/Boston:
       de Gruyter, 175–212.

139.   PÜSCHEL, Melanie (2014): Emotionen im Web. Die Verwendung von
       Emoticons, Interjektionen und emotiven Akronymen in schriftbasier-
       ten Webforen für Hörgeschädigte. Stuttgart: ibidem.

140.   SIEBENHAAR, Beat (2018): Funktionen von Emojis und Altersabhängig-
       keit ihres Gebrauchs in der WhatsApp-Kommunikation. In: Ziegler,
       Arne (Hg.): Jugendsprachen. Aktuelle Perspektiven internationaler
       Forschung. Berlin: de Gruyter: 749–772.

141.   TRAUTSCH, Christian/WU, Yixin (2012): Die Als-ob-Struktur von Emoti-
       kons im WWW und in anderen Medien. In: Bildtheoretische Ansätze in
       der Semiotik (Themenheft zu IMAGE 16), 47–60.

142.   VANDERGRIFF, Ilona (2014): A pragmatic investigation of emoticon use
       in nonnative/native speaker text chat. In: Language@Internet 11, 4.
       http://www.languageatinternet.org/articles/2014/vandergriff

Hashtags

143.   ADAMSKA, Karolina (2015): Hashtag as a message? The role and func-
       tions of hashtags on Twitter. In: Media Studies 3, 62, 1–15.
       http://studiamedioznawcze.pl/Numery/2015_3_62/adamska-en.pdf

144.   BRUNS, Axel/BURGESS, Jean (2011): The Use of Twitter Hashtags in the
       formation of ad hoc publics. In: Proceedings of the 6th European Con-

sortium for Political Research (ECPR) General Conference 2011. University of Iceland, Reykjavik, 1–9.
https://eprints.qut.edu.au/46515/1/The_Use_of_Twitter_Hashtags_in_the_Formation_of_Ad_Hoc_Publics_%28final%29.pdf

145.   CALEFFI, Paola-Maria (2015): The 'hashtag': A new word or a new rule? In: SKASE Journal of Theoretical Linguistics 12, 2, 46–68.
http://www.skase.sk/Volumes/JTL28/pdf_doc/05.pdf

146.   DREER, Fabian/SALLER, Eduard/ELSÄSSER, Patrick/ZHEKOVA, Desislava (2014): Tweetdict: Identification of Topically Related Twitter Hashtags. In: Workshop Proceedings of the 12th Konvens, 53–57.

147.   EVANS, Ash (2016): Stance and Identity in Twitter Hashtags. In: Language@Internet 13, 1.
http://www.languageatinternet.org/articles/2016/evans

148.   HEYD, Theresa/PUSCHMANN, Cornelius (2017): Hashtagging and functional shift: Adaptation and appropriation of the #. In: Journal of Pragmatics 116, 51–63.

149.   JEFFARES, Stephen (2015): Interpreting Hashtag Politics: Policy Ideas in an Era of Social Media. Basingstoke: Palgrave Macmillan.

150.   KOBILKE, Christina (2015): Das muss man über Hashtags bei Instagram wissen. In: GRÜNDERSZENE (Artikel vom 2015-05-15).
https://www.gruenderszene.de/allgemein/instagram-hashtags-buch

151.   POSCH, Lisa/WAGNER, Claudia/SINGER, Philipp/STROHMAIER, Markus (2013): Meaning as collective use: predicting semantic hashtag categories on twitter. In: Proceedings of the 22nd International Conference on World Wide Web Companion. International World Wide Web Conferences, 621–628.
http://markusstrohmaier.info/documents/2013_MSM2013_Hashtag_Pragmatics.pdf

152.   YANG, Lei/SUN, Tao/ZHANG, Ming/MEI, Qiaozhu (2012): We know what @you #tag: Does the dual role affect hashtag adoption? In: Proceedings of the 21st International Conference on World Wide Web, WWW'12, 261–270.
https://pdfs.semanticscholar.org/3050/ac83859cd059b28d63db1e93a00fffda8b29.pdf

153.   ZAPPAVIGNA, Michele (2015): Searchable talk: The linguistic functions of hashtags in tweets about Schapelle Corby. In: Global Media Journal 9, 1.

154.   ZAPPAVIGNA, Michele (2018): Searchable Talk: Hashtags and Social Media Metadiscourse. London: Bloomsbury.

155.   ZAPPAVIGNA, Michele/MARTIN, James R. (2018): #Communing affiliation: Social tagging as a resource for aligning around values in social media. Discourse, Context and Media (Special issue on the discourse of social tagging). In: Discourse, context & media 22, 4–12.

Memes

156. BLACKMORE, Susan (1999): The Meme Machine. Oxford: Oxford University Press.

157. BÜLOW, Lars/MERTEN, Marie-Luis (2018): Sind journalistische Internet-Memes komplexer? Linguistische Überlegungen zum Anfang des Merkel-Memes auf Twitter. In: Krieg-Holz, Ulrike (Hg.): Textanfänge. Linguistische, literaturwissenschaftliche und sprachdidaktische Zugänge (Texte und Diskurse). Berlin: Frank & Timme, 113–138.

158. BÜLOW, Lars/MERTEN, Marie-Luis/JOHANN, Michael (2018): Internet-Memes als Zugang zu multimodalen Konstruktionen. In: Zeitschrift für Angewandte Linguistik 69. S. 1–32.

159. BÜLOW, Lars/JOHANN, Michael/MERTEN, Marie-Luis (2017): Welchen Einfluss hat die sprachliche Länge auf die Sichtbarkeit von Internet-Memes? Linguistische Annäherungen an einen Diffusionsprozess. In: Goltschnigg, Dietmar (Hg.): Wege des Deutschen. Deutsche Sprache und Germanistik-Studium aus internationaler Sicht. Tübingen: Stauffenburg. S. 95–104.

160. erlehman & plomlompom (2013): Internet-Meme. Köln: O'Reilly.

161. MERTEN, Marie-Luis/Bülow, Lars (i. Dr.): Zur politischen Internet-Meme-Praxis: Bild-Sprache-Texte kognitiv-funktional. In: Bülow, Lars/Michael Johann (Hg.): Politische Internet-Memes – Theoretische Herausforderungen und empirische Befunde (Texte und Diskurse). Berlin: Frank & Timme.

162. OSTERROTH, Andreas (2015): Das Internet-Meme als Sprache-Bild-Text. In: IMAGE 22, 26-46.

163. SHIFMAN, Limor (2014): Meme. Kunst, Kultur und Politik im digitalen Zeitalter. Frankfurt/Main: Suhrkamp.

3.4 Mündlichkeit/Schriftlichkeit

164. ALBERT, Georg (2011): Syntaktische Innovationen in neuen Medien. In: Ganswindt, Brigitte/Purschke, Christoph (Hg.): Perspektiven der Variationslinguistik. Beiträge aus dem Forum Sprachvariation (= Germanistische Linguistik, 216–217). Hildesheim [u. a.]: Olms, 257–278.

165. ALBERT, Georg (2013): Innovative Schriftlichkeit in digitalen Texten. Berlin: Akademie-Verlag.

166. ANDROUTSOPOULOS, Jannis (2003): Online-Gemeinschaften und Sprachvariation: Soziolinguistische Perspektiven auf Sprache im Internet. In: Zeitschrift für germanistische Linguistik 31, 2, 173–197.

167. ANDROUTSOPOULOS, Jannis (2007): Spaß und Stil im Netz: eine ethnografisch-textanalytische Perspektive. In: Klemm, Michael/Jakobs, Eva-Maria (Hg.): Das Vergnügen in und an den Medien. Frankfurt/Main [u. a.]: Lang, 223–247.

168. ANDROUTSOPOULOS, Jannis (2007): Neue Medien – neue Schriftlichkeit? In: Mitteilungen des Deutschen Germanistenverbandes 1, 7, 72–97.

169. ANDROUTSOPOULOS, Jannis (2007): Style online: Doing hip-hop on the German-speaking Web. In: Auer, Peter (ed.): Style and social identities: alternative approaches to linguistic heterogeneity. Berlin/New York: de Gruyter, 279–317.

170. ANDROUTSOPOULOS, Jannis (2017): Interpunktion im vernetzten Schreiben: < … > bei griechischen Gymnasiast/innen. Vortrag auf dem Symposium „Register des Digitalen Schreibens". Hamburg, 1.-2. Juni 2017.

171. BADER, Jennifer (2003): Schriftlichkeit und Mündlichkeit in der Chat-Kommunikation. In: Networx 29.
      https://www.mediensprache.net/networx/networx-29.pdf

172. BAHLO, Nils/BECKER, Tabea/STECKBAUER, Daniel (2016): Von „Klugscheißern" und „Grammatik-Nazis" – Grammatische Normierung im Internet. In: Spiegel, Carmen/Gysin, Daniel (Hg.): Jugendsprache in Schule, Medien und Alltag. Frankfurt/Main: Lang, 275–286.

173. BEISSWENGER, Michael (2016): Nachdenken über Sprache: In WhatsApp schreiben wir anders – warum eigentlich? Material für LehrerInnen. deutsch-klett.de.
      https://deutsch-klett.de/chat-sms-und-co/

174. BICK, Eckhard (2010): Degrees of Orality in Speech-like Corpora: Comparative Annotation of Chat and Email Corpora. In: Otoguro, Ryo/Ishikawa Kiyoshi/Umemoto, Hiroshi/Yoshimoto, Kei/Harada, Yasunari (eds.): Proceedings of the 24th Pacific Asia Conference on Language (PACLIC24). Japan: Institute for Digital Enhancement of Cognitive Development, Waseda University, 721–729.

175. BUSCH, Florian (2017): Informelle Interpunktion? Zeichensetzung im digitalen Schreiben von Jugendlichen. In: Der Deutschunterrich 4/17. Soziolinguistik-Sonderausgabe, 87–92.

176. DECEMBER, John (1993): Characteristics of Oral Culture in Discourse on the Net. University of Pennsylvania, 12th Penn State Conference on Rhetoric and Composition.
      http://www.december.com/john/papers/pscrc93.txt

177. DÜRSCHEID, Christa (2003): Medienkommunikation im Kontinuum von Mündlichkeit und Schriftlichkeit. Theoretische und empirische Probleme. In: Zeitschrift für angewandte Linguistik 38, 37–56.

178. DÜRSCHEID, Christa/BROMMER, Sarah (2009): Getippte Dialoge in neuen Medien. Sprachkritische Aspekte und linguistische Analysen. In: Linguistik Online 37, 1, 3–20.
      https://bop.unibe.ch/linguistik-online/article/view/511

179. DÜRSCHEID, Christa/WAGNER, Franc/BROMMER, Sarah (2010): Wie Jugendliche schreiben. Schreibkompetenz und neue Medien (= Linguistik – Impulse & Tendenzen 41). Berlin/New York: de Gruyter.

180. DÜRSCHEID, Christa (2016): Digitale Kommunikation und die Folgen für den Sprachgebrauch. In: Schiewe, Jürgen (Hg.): Angemessenheit. Einsichten in Sprachgebräuche. Göttingen: Wallstein, 67–76.

181. ELSPASS, Stephan (2002): Alter Wein und neue Schläuche? Briefe der Wende zum 20. Jahrhundert und Texte der neuen Medien – ein Vergleich. In: Wyss, Eva/Schmitz, Ulrich (Hg.): Osnabrücker Beiträge zur Sprachtheorie 64, Themenheft Briefkultur im 20. Jahrhundert. Duisburg: Gilles & Francke, 7–31.

182. GÜNTHER, Ulla/WYSS, Eva Lia (1996): E-Mail-Briefe – eine neue Textsorte zwischen Mündlichkeit und Schriftlichkeit. In: Hess-Lüttich, Ernest/Holly, Werner/Püschel, Ulrich (Hg.): Textstrukturen im Medienwandel. Frankfurt/Main [u. a.]: Lang, 61–86.

183. HÄRVELID, Frederic (2007): ‚Wusste gar nicht das man schriftlich labern kann.‘ Die Sprache in Deutschschweizer Newsboards zwischen Mündlichkeit und Schriftlichkeit. In: Networx 51.
https://www.mediensprache.net/networx/networx-51.pdf

184. JUCKER, Andreas H./DÜRSCHEID, Christa (2012): The Linguistics of Keyboard-to-screen Communication: A New Terminological Framework. In: Linguistik Online 56, 6, 39–64.
https://bop.unibe.ch/linguistik-online/article/view/255

185. KILIAN, Jörg (2001): T@stentöne. Geschriebene Umgangssprache in computervermittelter Kommunikation. Historisch-kritische Ergänzungen zu einem neuen Feld der linguistischen Forschung. In: Beißwenger, Michael (Hg.): Chat-Kommunikation. Sprache, Interaktion, Sozialität und Identität in synchroner computervermittelter Kommunikation. Stuttgart: ibidem, 55–78.

186. KOCH, Peter/OESTERREICHER, Wulf (2008): Mündlichkeit und Schriftlichkeit von Texten. In:

187. JANICH, Nina (Hg.): Textlinguistik. 15 Einführungen. Tübingen: Narr, 199–215.

188. KÖNIG, Katharina/HECTOR, Tim Moritz (2019): Neue Medien – neue Mündlichkeit? Zur Dialogizität von WhatsApp- Sprachnachrichten. Marx, Konstanze/Schmidt, Axel (Hg.): Interaktion und Medien. Interaktionsanalytische Zugänge zu medienvermittelter Kommunikation. Heidelberg: Winter, 59–84.

189. MEISE-KUHN, Katrin (1998): Zwischen Mündlichkeit und Schriftlichkeit. Sprachliche und konversationelle Verfahren in der Computerkommunikation. In: Brock, Alexander/Hartung, Martin (Hg.): Neuere Entwicklungen in der Gesprächsforschung. Tübingen: Narr, 213–235.

190. PENTZOLD, Christian/FRAAS, Claudia/MEIER, Stefan (2013): Online-mediale Texte: Kommunikationsformen, Affordanzen, Interfaces. In: Zeitschrift für germanistische Linguistik 41, 1, 81–101.

191.   SALOMONSSON, Johanna (2011): »Hamwa nisch … fragense mal da«. Spiel mit Mündlichkeit und Schriftlichkeit in Diskussionsforen im Internet. In: Networx 59.
https://www.mediensprache.net/networx/networx-59.pdf

192.   SCHLOBINSKI, Peter (2005): Mündlichkeit/Schriftlichkeit in den Neuen Medien. In: Eichinger, Ludwig/ Kallmeyer, Werner (Hg.): Standardvariation. Wie viel Variation verträgt die deutsche Sprache? Berlin/New York: de Gruyter, 126–142.

193.   SCHLOBINSKI, Peter/WATANABE, Manabu (2006): Mündlichkeit und Schriftlichkeit in der SMS-Kommunikation. In: Networx 31.
http://www.mediensprache.net/de/networx/networx-31.aspx

194.   SIEVER, Torsten (2011): Texte i. d. Enge. Sprachökonomische Reduktion in stark raumbegrenzten Textsorten. Frankfurt/Main [u. a.]: Lang.

195.   THALER, Verena (2003): Chat-Kommunikation im Spannungsfeld zwischen Oralität und Literalität. Berlin: Verlag für Wissenschaft und Forschung.

196.   ZIEGLER, Arne (2004): Textstrukturen internetbasierter Kommunikation. Brauchen wir eine Medientextlinguistik? In: Beißwenger, Michael/Hoffmann, Ludger/Storrer, Angelika (Hg.): Internetbasierte Kommunikation. Themenheft der Osnabrücker Beiträge zur Sprachtheorie (= OBST 68), 159–173.

3.5   Sprachreflexion

197.   ARENDT, Birte/KIESENDAHL, Jana (2014): Sprachkritische Äußerungen in Kommentarforen – Entwurf des Forschungsfeldes „Kritiklinguistik“. In: Niehr, Thomas (Hg.): Sprachwissenschaft und Sprachkritik. Perspektiven ihrer Vermittlung. Bremen: Hempen, 101–130.

198.   ARENDT, Birte/KIESENDAHL, Jana (2015): Sprachkritische Kommentare in der Forenkommunikation. Form, Funktion und Wirkung. In: Bücker, Jörg/Diedrichsen, Elke/Spieß, Constanze (Hg.): Perspektiven linguistischer Sprachkritik. Stuttgart: ibidem, 165–190.

199.   DÜRSCHEID, Christa (2002): SMS-Schreiben als Gegenstand der Sprachreflexion. In: Networx 28.
http://www.mediensprache.net/de/networx/networx-28.aspx

200.   DÜRSCHEID, Christa (2005): Normabweichendes Schreiben als Mittel zum Zweck. In: Muttersprache 115, 1, 40–53.

201.   DÜRSCHEID, Christa/BROMMER, Sarah (2013): Ist ein Freund noch ein Freund? Facebook und Sprachwandel. In: Der Deutschunterricht 2, 28–40.

202.   GERLACH, Julian (2014): „Du findest doch nicht mal das Apostroph auf Deiner Tastatur.“ Laien-Sprachkritik im Web 2.0 und die daraus resultierenden Folgen für Kritiker und Kritisierte. Analyse der sprachkritischen Äußerungen im Kommentarbereich der Sportseite www.spox.com. Hausarbeit an der Technischen Universität Berlin.

203. HELLBERG, Aisha (2014): „Ich jage Dich mit dem Duden durchs Ghetto" Sprachideologie und Sprachreflexion in schülerVZ-Gruppen. In: Kotthoff, Helga/Mertzlufft, Christine (Hg.): Jugendsprachen. Stilisierungen, Identitäten, mediale Ressourcen. Frankfurt/Main [u. a.]: Lang, 189–214.

204. HIRSCHAUER, Miriam (2011): Das Internet verändert unsere Sprache – Eine sprachwissenschaftliche Untersuchung des Weges von „ist" und „ein/den" unter dem Einfluss von internetbasierter Kommunikation. München: Grin.

205. IMO, Wolfgang (2012): Informelles Schreiben als Indikator für Sprachverfall? Normabweichungen in Produktbeschreibungen privater Verkäufer in einem Online-Auktionshaus. In: Günthner, Susanne/Imo, Wolfgang/Meer, Dorothee/Schneider, Jan Georg (Hg.): Kommunikation und Öffentlichkeit. Sprachwissenschaftliche Potenziale zwischen Empirie und Norm. Tübingen: Niemeyer, 231–252.

206. JACOB, Katharina/VOGEL, Friedemann (2014): Sprachkritik im Internet. Aushandlungsprozesse und Spracheinstellungen auf den Diskussionsseiten der deutschsprachigen Wikipedia. In: Aptum 1/2014, 1–32.

3.6 Interaktionspraktiken und Diskurs

207. ANDROUTSOPOULOS, Jannis (2006): Introduction: Sociolinguistics and computer-mediated communication. In: Journal of Sociolinguistics 10, 4, 419–438.

208. ANDROUTSOPOULOS, Jannis (2007): Bilingualism in the mass media and on the Internet. In: Heller, Monica (ed.): Bilingualism: a social approach. Hampshire: Palgrave Macmillan, 207–230.

209. ANDROUTSOPOULOS, Jannis (2007): Language choice and code-switching in German-based diasporic web forums. In: Danet, Brenda/Herring, Susan (eds.): The Multilingual Internet. Oxford: Oxford University Press, 340–361.

210. ANDROUTSOPOULOS, Jannis (2011): From variation to heteroglossia in the study of computer-mediated discourse. In: Thurlow, Crispin/Mroczek, Kristine (eds.): Digital Discourse: Language in the New Media. Oxford: Oxford University Press, 277–298.

211. ANDROUTSOPOULOS, Jannis (2013): Code-switching in computer-mediated communication. In: Herring, Susan/Stein, Dieter/Virtanen, Tuija (eds.): Pragmatics of Computer-mediated Communication. Berlin/New York: de Gruyter, 667–694.

212. ANDROUTSOPOULOS, Jannis (2016): Mediatisierte Praktiken: Zur Rekontextualisierung von Anschlusskommunikation in den Sozialen Medien. In: Deppermann, Arnulf/Feilke, Helmuth/Linke, Angelika (Hg.): Sprachliche und kommunikative Praktiken (= Jahrbuch des Instituts für Deutsche Sprache 2015). Berlin/Boston: de Gruyter, 337–368.

213.   ANDROUTSOPOULOS, Jannis (2019): Wiederaufnahmen im Nutzerdialog: Eine medienlinguistische Fallstudie zur Bewältigung vernetzter Interaktion im digitalen Journalismus. In: Marx, Konstanze/Schmidt, Axel (Hg.): Interaktion und Medien. Interaktionsanalytische Zugänge zu medienvermittelter Kommunikation. Heidelberg: Winter, 257–286.

214.   BEISSWENGER, Michael (2015): Praktiken in der internetbasierten Kommunikation. In: Deppermann, Arnulf/Linke, Angelika/Feilke, Helmuth (Hg.): Sprachliche und kommunikative Praktiken (= Jahrbuch des Instituts für Deutsche Sprache 2015). Berlin/New York: de Gruyter, 279–309.

215.   BIESWANGER, Markus (2013): Micro-linguistic structural features of computer-mediated Communication. In: Herring, Susan/Stein, Dieter/Virtanen, Tuija (eds.): Pragmatics of Computer-Mediated Communication. Berlin/Boston: de Gruyter, 463–488.

216.   COCHRANE, Leslie E. (2017): An imagined community of practice: Online discourse among wheelchair users. In: Linguistik Online 87, 8.
        https://bop.unibe.ch/linguistik-online/article/view/4177/6270

217.   HERRING, Susan (2004): Computer-mediated discourse analysis: An approach to researching online communities. In: Barab, Sasha/Kling, Rob/Gray, James H. (eds.): Designing for virtual communities in the service of learning. Cambridge: Cambridge University Press, 338–376.

218.   HERRING, Susan (2007): A faceted classification scheme for computermediated discourse. In: Language@Internet 4, 1.
        http://www.languageatinternet.de/articles/2007/761

219.   HODSDON-CHAMPEON, Connie (2010): Conversations within conversations: Intertextuality in racially antagonistic online discourse. In: Language@Internet 7, 10.
        http://www.languageatinternet.org/articles/2010/2820/Hodsdon.pdf

220.   IMO, Wolfgang, (2015): Interaktionale Linguistik und die qualitative Erforschung computervermittelter Kommunikation. In: SpIn Sprache Interaktion, Arbeitspapierreihe 56, 11.
        http://arbeitspapiere.sprache-interaktion.de/arbeitspapiere/arbeitspapier56.pdf

221.   JAGER, Margot/STOMMEL, Wyke (2017): The risk of metacommunication to manage interactional trouble in online chat counseling. In: Linguistik Online 87, 8.
        https://bop.unibe.ch/linguistik-online/article/viewFile/4179/6275

222.   JONES, Rodney H. (2004): The problem of context in computer-mediated communication. In: LeVine, Philip/Scollon, Ron (eds.): Discourse and technology: Multimodal discourse analysis. Washington, D.C.: Georgetown University Press, 20–33.

223.   MEIER, Simon (2016): Wutreden. Konstruktion einer Gattung in den digitalen Medien. In: Zeitschrift für germanistische Linguistik 44(1), 37–68.

224. Montero-Fleta, Begoña/Montesinos-López, Anna/Pérez-Sabater, Carmen/Turney, Ed (2009): Computer mediated communication and informalization of discourse: The influence of culture and subject matter. In: Journal of Pragmatics 41, 4, 770–779.

225. Storrer, Angelika (2018): Interaktionsorientiertes Schreiben im Internet. In: Deppermann, Arnulf/Reineke, Silke (Hg.): Sprache im kommunikativen, interaktiven und kulturellen Kontext. Berlin/Boston: de Gruyter, 219–244.

226. Storrer, Angelika (i. Dr./2019): Text und Interaktion im Internet. In: Eichinger, Ludwig/ Plewnia, Albrecht (Hg.): Neues vom heutigen Deutsch: Empirisch – methodisch – theoretisch. Berlin/Boston: de Gruyter.

227. Tienken, Susanne (2013): Sharing. Zum Teilen von Erzählungen in Onlineforen. In: Álvarez López, Laura/Seiler Brylla, Charlotta/Shaw, Philip (eds.): Computer-mediated discourse across languages. Stockholm: Acta Universitatis Stockholmiensis, 17–43.

228. Wagner, Gerald/Schlese, Michael (1997): Medienspezifische Arten des Sachbezugs: Referenz in computergestützten Kommunikationssystemen. In: Zeitschrift für Semiotik 19, 3, 245–260.

229. Zappavigna, Michele (2014): If you do it too then RT and say #idoit2': The co-patterning of contingency and evaluation in microblogging. In: Studies in Pragmatics, BRILL, 188-213 DOI: https://doi.org/10.1163/9789004258174_009

4.   Der Mensch im Netz

4.1   Identität

230.   BOYD, Danah (2007): Why youth (heart) social network sites: The role of networked publics in teenage social life. In: Buckingham, David (ed.): Youth, Identity, and Digital Media. Cambridge, MA: MIT Press, 119–142.

231.   BRAUN, Bettina (2006): Jugendliche Identitäten in SMS-Texten. In: Dürscheid, Christa/Spitzmüller, Jürgen (Hg.): Zwischentöne. Zur Sprache der Jugend in der Deutschschweiz. Zürich: Verlag Neue Zürcher Zeitung, 101–114.

232.   DONATH, Judith S. (1998): Identity and Deception in the virtual Community. In: Kollock, Peter/Smith, Marc (eds.): Communities in Cyberspace. London: Routledge, 29–55.

233.   DÖRING, Nicola (2000): Identität + Internet = Virtuelle Identität? In: Forum Medienethik 2, 36–47.

234.   DÖRING, Nicola (2002): Personal Home Pages on the Web: A Review of research. In: Journal of Computer-Mediated Communication 7, 3. DOI: 10.1111/j.1083-6101.2002.tb00152.x

235.   ERNST, Christina (2012): Sichtbar entzogen. Medienwissenschaftliche und theologische Deutung von Selbstdarstellungspraktiken auf facebook. In: Costanza, Christina/Ernst, Christina (Hg.): Personen im Web 2.0. Kommunikationswissenschaftliche, ethische und anthropologische Zugänge zu einer Theologie der Social Media. Göttingen: Edition Ruprecht, 32–47.

236.   FRISCHLICH, Lena/RIEGER, Diana/RUTKOWSKI, Olivia (2014): I'd rather die than be with you: The effects of mortality salience and negative social identity on identification with a virtual group. In: Lecture Notes in Computer Science 8531, 411–420. DOI: 10.1007/978-3-319-07632-4_42

237.   FRÖHLICH, Uta (2014): Reflections on the psychological terms self and identity in relation to the concept of face for the analysis of online forum communication. In: Bedijs, Kristina/Held, Gudrun/Maaß, Christiane (eds.): Face Work and Social Media (= Hildesheimer Beiträge zur Medienforschung 2). Wien/Zürich: LIT Verlag, 105–128.

238.   GEORGAKOPOULOU, Alexandra (2014): ,Girlpower or girl (in) trouble?' Identities and discourses in the (new) media engagements of adolescents' school-based interaction. In: Androutsopoulos, Jannis (ed.): Mediatization and sociolinguistic change. Berlin/New York: de Gruyter, 217–244.

239.   GONZALES, Amy (2010): The intensifying effect of computer-mediated communication on identity shift: Perceptions of audience size, acquaintanceship and self-presentation certainty as indicators of self-concept change. Cornell University, Ithaca, NY.

https://ecommons.cornell.edu/bitstream/handle/1813/17616/Gonzales%2c%20Amy.pdf?
sequence=1&isAllowed=y

240. GÖTZKE, Rolf (2002): Identität und Internet. Der virtuelle Raum als La-
      bor für Ich-Konstruktionen. Technische Universität Berlin. Diplomarbeit.

241. HEYSE, Petra (2017): Between "forwardability" and "authenticity": Wri-
      ting style as a commercial asset in mediating communication on trans-
      national dating websites. In: Journal of Pragmatics 116, 91–103.

242. JOHANN, Michael/TONNDORF, Katrin/WIEDEL, Fabian/WINDSCHEID, Juli-
      an (2016): Anonymous Online Communication between Disinhibition,
      Self-Disclosure and Social Identity. A Complementary Mixed-Method
      Study. Conference Paper der ICA Jahrestagung in Fukuoka, Japan.
      https://www.researchgate.net/publication/318563720_Anonymous_Online_
      Communication_between_Disinhibition_Self-Disclosure_and_Social_Identity_A_
      Complementary_Mixed-Method_Study.

243. KRAMER, Adam D.I./CHUNG, Cindy K. (2011): Dimensions of self-ex-
      pression in Facebook status updates. In: Nicolov, Nicolas/Shanahan,
      James G. (eds.): Proceedings of the Fifth International AAAI Conferen-
      ce on Weblogs and Social Media. Palo Alto, CA: AAAI Press, 169–176.

244. KRÄMER, Nicole C./HAFERKAMP, Nina (2011): Online self-presentation:
      Balancing privacy concerns and impression construction on social net-
      working sites. In: Trepte, Sabine/Reinecke, Leonard (eds.): Privacy on-
      line: Perspectives on privacy and self-disclosure in the social web. New
      York: Springer, 127–142.

245. LOCHER, Miriam A./BOLANDER, Brook (2017): Facework and identity. In:
      Hoffmann, Christian R./Bublitz, Wolfram (eds.): Pragmatics of social
      media. Berlin/Boston: de Gruyter, 407–434.

246. LÜCK, Anne-Kathrin (2012): „Ich hab nichts zu verbergen!" Persön-
      lich-Sein und Person-Sein im Web 2.0. In: Costanza, Christina/Ernst,
      Christina (Hg.): Personen im Web 2.0. Kommunikationswissenschaft-
      liche, ethische und anthropologische Zugänge zu einer Theologie der
      Social Media. Göttingen: Edition Ruprecht, 94–107.

247. REID-STEERE, Elizabeth (2000): Das Selbst und das Internet: Wand-
      lungen der Illusion von einem Selbst. In: Thiedeke, Udo (Hg.): Virtu-
      elle Gruppen. Charakteristika und Problemdimensionen. Wiesbaden:
      Springer, 273–291.

248. SCHLENKER, Barry R. (1986): Self-identification: Toward an integration
      of the private and public self. In: Baumeister, Roy (ed.): Public self and
      private self. New York: Springer, 21–55.

249. SPITULNIK, Debra (2009): The social circulation of media discourse and
      the mediation of communities. In: Duranti, Alessandro (ed.): Linguistic
      anthropology. A reader. Malden: Blackwell, 93–113.

250. THIMM, Caja/EHMER, Heidi (2000): „Wie im richtigen Leben": Sozia-
      le Identität und sprachliche Kommunikation in einer Newsgroup. In:
      Thimm, Caja (Hg.): Soziales im Netz. Sprache, Beziehungen und Kom-

munikationskulturen im Internet. Wiesbaden: VS Verlag für Sozialwissenschaften, 226–246.

251. TURKLE, Sherry (1995): Life on the screen. Identity in the age of the Internet. New York [u. a.]: Simon & Schuster.

252. VOGELGESANG, Waldemar (2010): Digitale Medien – Jugendkulturen – Identität. In: Hugger, Kai-Uwe (Hg.): Digitale Jugendkulturen. Wiesbaden: Verlag für Sozialwissenschaften, 37–53.

253. WALTHER, Joseph B. (2007): Selective self-presentation in computer-mediated communication: Hyperpersonal dimensions of technology, language, and cognition. In: Computers in Human Behavior 23, 2538–2557.

4.2   Umgangsformen im Netz

254. ANDROUTSOPOULOS, Jannis (2003): „bitte klein und höflich". Höflichkeit im Internet zwischen Netikette, Chatikette und Gruppennormen. In: Praxis Deutsch 178, 42–46.

255. BAYS, Hillary (1998): Framing and face in Internet exchanges: A sociocognitive approach. In: Linguistik Online 1.
https://bop.unibe.ch/linguistik-online/article/view/1080/1769

256. BEDIJS, Kristina (2014): Shared Face and Face Enhancing Behaviour in Social Media: Commenting on the Spanish Goalkeeper's Tears on YouTube. In: Bedijs, Kristina/Held, Gudrun/Maaß, Christiane (eds.): Face Work and Social Media. Wien/Zürich: LIT Verlag, 131–153.

257. BEDIJS, Kristina/HELD, Gudrun/MAASS, Christiane (2014): Introduction: Face Work and Social Media. In: Bedijs, Kristina/Held, Gudrun/Maaß, Christiane (eds.): Face Work and Social Media (= Hildesheimer Beiträge zur Medienforschung 2). Wien/Zürich: LIT Verlag, 9–28.

258. ENDSTROM, Anne/EWALD, Jennifer (2017): "Out of the office": Conveying Politeness through Auto-Reply Email Messages. In: Language@Internet 14, 4.
http://www.languageatinternet.org/articles/2017/edstrom

259. FREYERMUTH, Gundolf (2002): Kommunikette 2.0. E-Mail, Handy & Co. richtig einsetzen. München: Heise.

260. GRAHAM, Sage Lambert (2017): Politeness and impoliteness. In: Hoffmann, Christian R./Bublitz, Wolfram (eds.): Pragmatics of social media. Berlin/Boston: de Gruyter, 459–492.

261. KIESENDAHL, Jana (2011): Status und Kommunikation. Ein Vergleich von Sprechhandlungen in universitären E-Mails und Sprechstundengesprächen. Berlin: Erich Schmidt.

262. KLEINBERGER, Ulla/SPIEGEL, Carmen (2010): Höfliche Jugendliche im Netz? In: Jorgensen, Normann (Hg.): Gurkensalat 4U & me! Current Perspectives in the Study of Youth Language. Frankfurt/Main [u. a.]: Lang, 207–227.

263. MARX, Konstanze (2015): Killers Mutter auf der Teamspeak-Bühne: Ein explorativer Diskussionsbeitrag zur Angemessenheit von Unhöflichkeit. In: Aptum 2, 151–160.

264. SCHÜTTE, Wilfried (2002): Normen und Leitvorstellungen im Internet: Wie Teilnehmer/innen in Newsgroups und Mailinglisten den angemessenen Stil aushandeln. In: Keim, Inken/Schütte, Wilfried (Hg.): Soziale Welten und kommunikative Stile. Festschrift für Werner Kallmeyer zum 60. Geburtstag. Tübingen: Narr, 339–362.

265. STORRER, Angelika/WALDENBERGER, Sandra (1998): Zwischen Grice und Knigge: Die Netiketten im Internet. In: Strohner, Hans/Sichelschmidt, Lorenz/Hielscher, Martina (Hg.): Medium Sprache: Forum Angewandte Linguistik. Band 34. Frankfurt/Main [u. a.]: Lang, 63–77.

266. THALER, Verena (2012): Sprachliche Höflichkeit in computervermittelter Kommunikation. Tübingen: Stauffenburg.

267. WEIDACHER, Georg (2011): Entschuldigungsmails: Konventionalisierung und Variation in der Umsetzung eines Textmusters. In: Luginbühl, Martin/Perrin, Daniel (Hg.): Muster und Variation. Medienlinguistische Perspektiven auf Textproduktion und Text. Bern [u. a.]: Lang, 51–80.

4.3 Von Lug und Trug bis Hate

268. ANTOS, Gerd (i. Dr./2019): Philologie und Hermeneutik digital. Informationelle Verlässlichkeit und kommunikative Glaubwürdigkeit als Problem aktueller Internet-Nutzung. In: Pelikan, Kristina/Roelcke, Thorsten (Hg.): Information und Wissen – Beiträge zum transdisziplinären Diskurs. Beiträge des Symposions in Berlin am 21. und 22. April 2016.

269. ANTOS, Gerd (2017): Fake News. Warum wir auf sie reinfallen. Oder: Ich mache Euch die Welt, so wie sie mir gefällt. In: Der Sprachdienst 1/17, 1–20.

270. BARLIŃSKA, Julia/SZUSTER, Anna/WINIEWSKI, Mikołaj (2013): Cyberbullying among adolescent bystanders: Role of the communication medium, form of violence, and empathy. In: Journal of Community & Applied Social Psychology 23, 1, 37–51. DOI: 10.1002/casp. 2137

271. BARUCH, Yehuda (2005): Bullying on the net: Adverse behavior on e-mail and its impact. In: Information & Management 42, 361–371.

272. BASTIAENSENS, Sara/VANDEBOSCH, Heidi/POELS, Karolien/VAN CLEEMPUT, Katrien/DESMET, Ann/DE BOURDEAUDHUIJ, Ilse (2014): Cyberbullying on social network sites. An experimental study into bystanders' behavioural intentions to help the victim or reinforce the bully. In: Computers in Human Behavior 31, 259–271.

273. BENDL, Christian/SPITZMÜLLER, Jürgen (2017): ‚Rassismus' ohne Rassismus? Ethnoseparatistische Diskurse in sozialen Netzwerken. In: Wiener Linguistische Gazette 80, 1–26.

274. BOLANDER, Brook/LOCHER, Miriam A. (2017): Conflictual and consensual disagreement, In: Hoffmann, Christian R./Bublitz, Wolfram (eds.): Pragmatics of social media. Berlin/Boston: de Gruyter, 607–632.

275. BRODNIG, Ingrid (2016): Hass im Netz. Was wir gegen Hetze, Mobbing und Lügen tun können. Wien: Brandstätter.

276. CHALFEN, Richard (2009): It's only a picture: sexting, 'smutty' snapshots and felony charges. In: Visual Studies 24, 3, 258–268.

277. DEL VICARIO, Michela/BESSI, Alessandro/ZOLLO, Fabiana/PETRONI, Fabio/SCALA, Antonio/CALDARELLI, Guido/STANLEY, Eugene/QUATTROCIOCCI, Walter (2016): The spreading of misinformation online. In: Proceedings of the National Academy of Sciences of the United States of America 113, 3.
https://www.pnas.org/content/pnas/113/3/554.full.pdf

278. DÖRING, Nicola (2015): Sexting. Aktueller Forschungsstand und Schlussfolgerungen für die Praxis. In: Hillebrandt, Ingrid (Hg.): Gewalt im Netz. Sexting, Cybermobbing & Co. Berlin: Bundesarbeitsgemeinschaft für Kinder- und Jugendschutz, 15–43.

279. FAWZI, Nayla, (2009): Cyber-Mobbing. Ursachen und Auswirkungen von Mobbing im Internet. Baden-Baden: Nomos.

280. FAWZI, Nayla (2009): „Und jeder bekommt es mit…" Cyber-Mobbing – die Veränderungen gegenüber traditionellem Mobbing. In: Blickpunkt 8, 1–10.

281. FESTL, Ruth (2015): Täter im Internet: Eine Analyse individueller und struktureller Erklärungsfaktoren von Cybermobbing im Schulkontext. Wiesbaden: VS Verlag für Sozialwissenschaften. DOI: 10.1007/978-3-658-09239-9.

282. FRISCHLICH, Lena/RIEGER, Diana (2017): Hass im Netz – Hass im Herzen? Die Wirkung rechtsextremistischer und islamistisch-extremistischer Online Propagandavideos und mögliche Gegenangebote im Netz. In: The Inquisite Mind 2.
http://de.in-mind.org/article/hass-im-netz-hass-im-herzen-die-wirkung-rechtsextremistischer-und-islamistisch

283. GRADINGER, Petra (2010): Cyberbullying: Mobbing mit neuen Medien. Dissertation, Universität Wien.
http://othes.univie.ac.at/13851/

284. GREDEL, Eva (2016): Shitstorms im Netz als Agenda-Setting-Phänomen in Printmedien. Formen von Unternehmenskritik in sozialen Netzwerken und ihr Einfluss auf die Berichterstattung in Printmedien. In: Baechler, Coline/Eckkrammer, Eva Martha/Müller-Lancé, Johannes/Thaler, Verena (Hg.): Medienlinguistik 3.0. Formen und Wirkung von Textsorten im Zeitalter des Social Web. Berlin: Frank & Timme, 225–244.

285. GRIMM, Petra/RHEIN, Stefanie/CLAUSEN-MURADIAN, Elisabeth (2008): Gewalt im Web 2.0: Der Umgang Jugendlicher mit gewalthaltigen In-

halten und Cyber-Mobbing sowie die rechtliche Einordnung der Problematik. Berlin: Vistas.

286. GYSIN, Daniel (2014): Höflichkeit und Konfliktbewältigung in der Online-Kommunikation Jugendlicher. Ausblick auf Online-Kommunikationskompetenz im Deutschunterricht. Dissertation, PH Karlsruhe.
https://phka.bsz-bw.de/files/60/H%C3%B6flichkeit+und+Konfliktbew%C3%A4ltigung+in+der+Online-Kommunikation+Jugendlicher+Ausblick+auf+Online-Kommunikationskompetenz+Deutschunterricht.pdf

287. HARDAKER, Claire (2010): Trolling in Asynchronous Computer-Mediated Communication: From User Discussions to Academic Definitions. In: Journal of Politeness Research. Language, Behaviour, Culture 6, 2, 215–242.

288. HARDAKER, Claire (2017): Flaming and trolling. In: Hoffmann, Christian R./Bublitz, Wolfram (eds.): Pragmatics of social media. Berlin/Boston: de Gruyter, 493–522.

289. HERBST, Barbara (2012): Happy Slapping. Zur Nutzung und Wahrnehmung gewalthaltiger Filme auf Handys durch Jugendliche. Saarbrücken: AV Akademikerverlag.

290. HERRING, Susan (1998): Die rhetorische Dynamik geschlechtsbezogener Belästigungen in Online-Kommunikation. In: Deutscher Germanisten-Verband 45, 3, 236–281.

291. HINTZE, Sonja (2015): Emotionalitätsmarker in Kommentaren auf der PEGIDA-Facebook-Seite. In: Networx 71.
https://www.mediensprache.net/networx/networx-71.pdf

292. HORNSCHEIDT, Lann (2013): Der Hate Speech-Diskurs als Hate Speech: Pejorisierung als konstruktivistisches Modell zur Analyse diskriminierender Sprachhandlungen. In: Meibauer, Jörg (Hg.): Hassrede/Hate Speech. Interdisziplinäre Beiträge zu einer aktuellen Diskussion (= Linguistische Untersuchungen). Gießen: Gießener Elektronische Bibliothek, 28–57.
http://geb.uni-giessen.de/geb/volltexte/2013/9251/pdf/HassredeMeibauer_2013.pdf

293. HORVATH, Cary/ANDERSON, Carolyn/MARTIN, Matthew (1996): Feelings about verbal aggression. Justifications for sending and hurt from receiving verbally aggressive messages. In: Communication Research Reports 13, 19–26.

294. ITTEL, Angela/AZMITIA, Margarita/PFETSCH, Jan S./MÜLLER, Christin R. (2014): Teasing, threats and texts. Gender and the 'dark side' of cybercommunication. In: Leman, Patrick J./ Tenenbaum, Harriet R. (eds.): Gender and development. Hove: Psychology Press, 43–62.

295. KATZER, Catharina (2007): Gefahr aus dem Netz – Der Internet-Chatroom als neuer Tatort für Bullying und sexuelle Viktimisierung von Kindern und Jugendlichen. Dissertation, Universität Köln.
http://kups.ub.uni-koeln.de/2152/1/DissertationCatarinaKatzer2007.pdf

296. KATZER, Catharina/FETCHENHAUER, Detlef/BELSCHAK, Frank (2009): Cyberbullying: Who are the victims? A comparison of victimization in Internet chatrooms and victimization in school. In: Journal of Media Psychology 21, 25–36.

297. KATZER, Catharina (2014): Cybermobbing. Wenn das Internet zur W@ffe wird. Berlin/ Heidelberg: Springer.

298. KLEINKE, Sonja (2003): Geschlechtsrelevante Aspekte sprachlicher Unhöflichkeit im Internet. In: Hilbig, Antje/Kajatin, Claudia/Miethe, Ingrid (Hg.): Frauen und Gewalt: Interdisziplinäre Untersuchungen zu geschlechtsgebundener Gewalt in Theorie und Praxis. Würzburg: Königshausen & Neumann, 197–213.

299. KLEINKE, Sonja (2007): Sprachliche Strategien verbaler Ablehnung in öffentlichen Diskussionsforen im Internet. In: Hermann, Steffen/Krämer, Sybille/Kuch, Hannes (Hg.): Verletzende Worte. Die Grammatik sprachlicher Missachtung. Bielefeld: Transcript, 311–336.

300. KLINKER, Fabian/SCHARLOTH, Joachim/SZCZĘK, Joanna (Hg.) (2018): Sprachliche Gewalt. Formen und Effekte von Pejorisierung, verbaler Aggression und Hassrede. Stuttgart: Metzler.

301. KURTES, Svetlana (2001): Semantics of hate speech. A model of analysis. Essen: LAUD.

302. LAUBER-RÖNSBERG, Anne (2017): Hate Speech – ein Überblick über rechtliche Rahmenbedingungen, ihre Durchsetzung und das neue NetzDG. In: Aptum 2, 100–115.

303. LEA, Martin/O'SHEA, Tim/FUNG, Pat/SPEARS, Russell (1992): Flaming in computer-mediated communication: Observations, explanations and implications. In: Lea, Martin (ed.): Contexts of computer-mediated communication. London: Sage, 89–112.

304. LI, Qing (2007): New bottle but old wine: A research of cyberbullying in schools. In: Computers in Human Behavior 23, 1777–1791.

305. LIEBERT, Wolf-Andreas (2015): Selbstgerechtigkeit. Selbstermächtigte Status-Degradierungszeremonien von Online-Petitionen bis zum Lynchen 2.0. In: Linguistik Online 73, 4.
https://bop.unibe.ch/linguistik-online/article/view/2199/3372

306. LORENZO-DUS, Nuria/ BLITVICH, Pilar Garcés-Conejos/BOU-FRANCH, Patricia (2011): On-line polylogues and impoliteness: The case of postings sent in response to the Obama Reggaeton YouTube video. In: Journal of Pragmatics 43, 10, 2578–2593.

307. MAHER, Damian (2008): Cyberbullying: An ethnographic case study of one Australian upper primary school class. In: Youth Studies Australia 27, 50–57.

308. MARX, Konstanze (2012): „Wer ich bin? Dein schlimmster Albtraum, Baby!" Cybermobbing – Ein Thema für den Deutschunterricht. In: Der Deutschunterricht 6, 77–81.

309.   MARX, Konstanze (2013): Virtueller Rufmord – offene Fragen aus linguistischer Perspektive. In: Marx, Konstanze/Schwarz-Friesel, Monika (Hg.): Sprache und Kommunikation im technischen Zeitalter. Wieviel Internet (v)erträgt unsere Gesellschaft?. Berlin/New York: de Gruyter, 237–266.

310.   MARX, Konstanze (2013): Denn sie wissen nicht, was sie da reden? Diskriminierung im Cybermobbing-Diskurs als Impuls für eine sprachkritische Diskussion. In: Aptum 2, 103–122.

311.   MARX, Konstanze (2014): Diskreditierung im Internet als persuasive Strategie – Fallbeispiele. In: Knipf-Komlosi, Elisabeth/Öhl, Peter/Péteri, Attila/Rada, Roberta V. (Hg.): Dynamik der Sprache(n) und Disziplinen. Budapest: ELTE, 387–394.

312.   MARX, Konstanze (2014): Power eliciting elements at the semantic pragmatic interface – Data from Cyberbullying and Virtual Character Assassination attempts. In: Pishwa, Hanna/Schulze, Rainer (eds.): Expression of Inequality in Interaction: Power, Dominance, and Status. Amsterdam: Benjamins, 143–162.

313.   MARX, Konstanze (2015): „kümmert euch doch um euren Dreck" – Verteidigungsstrategien im Cybermobbing dargestellt an einem Beispiel der Plattform Isharegossip.com. In: Tuomarla, Ulla/Härmä, Juhani/ Tiittula, Liisa/Sairio, Anni/Paloheimo, Maria/Isosävi, Johanna (Hg.): Misskommunikation und Gewalt. Mémoires de la Société Néophilologique de Helsinki. Vantaa: Hansaprint Oy, 125–138.

314.   MARX, Konstanze (2016): „Kaum […] da, wird' ich gedisst!" Funktionale Aspekte des Banter-Prinzips auf dem Online-Prüfstand. In: Spiegel, Carmen/Gysin, Daniel (Hg.): Jugendsprache in Schule, Medien und Alltag. Frankfurt/Main: Lang, 287–300.

315.   MARX, Konstanze (i. Dr.): Das Dialogpotenzial von Shitstorms. In: Hess-Lüttich, Ernest WB. (Hg.): Handbuch der Gesprächsrhetorik. Berlin/New York: de Gruyter.

316.   MARX, Konstanze (2017): „Doing aggressive 2.0" – Gibt es ein genderspezifisches sprachliches Aggressionsverhalten in der Social-Media-Kommunikation? Ein Diskussionsauftakt. In: Bonacchi, Silvia (Hg.): Verbale Aggression. Multidisziplinäre Zugänge zur verletzenden Macht der Sprache. Berlin/New York: de Gruyter, 331–355.

317.   MARX, Konstanze (2017): Diskursphänomen Cybermobbing. Ein internetlinguistischer Zugang zu [digitaler] Gewalt. Berlin/New York: de Gruyter.

318.   MARX, Konstanze (2018): Hate Speech – Ein Thema für die Linguistik. In: Albers, Marion/Katsivelas, Ioannis (Hg.): Recht & Netz. Baden-Baden: Nomos, 37–57.

319.   MEIBAUER, Jörg (Hg.) (2013): Hassrede/Hate Speech. Interdisziplinäre Beiträge zu einer aktuellen Diskussion (= Linguistische Untersuchungen). Gießener Elektronische Bibliothek 2013.
       http://geb.uni-giessen.de/geb/volltexte/2013/9251/pdf/HassredeMeibauer_2013.pdf

320.   MÜLLER, Christin R./PFETSCH, Jan/ITTEL, Angela (2014): Cyberbullying und die Nutzung digitaler Medien im Kindheits- und Jugendalter. In: merz | medien + erziehung. Zeitschrift für Medienpädagogik 58, 3.

321.   PFETSCH, Jan/MOHR, Sonja/ITTEL, Angela (2012): Cyber-Mobbing – Formen, Funktionen und Auswirkung im Leben Jugendlicher. In: ajs Informationen 48, 2, 4–7.

322.   PFETSCH, Jan/SCHÄFER, Galina (2014): Cybermobbing – anonyme Bedrohung oder fiese Schikane unter Freunden? In: Unsere Jugend. Zeitschrift für Studium und Praxis der Sozialpädagogik 66, 4, 159–170.

323.   PFETSCH, Jan/SCHULTZE-KRUMBHOLZ, Anja/ITTEL, Angela (2014): Editorial. Schwerpunktheft Cyberbullying. In: Diskurs Kindheits- und Jugendforschung 1, 3–6.

324.   RIEBEL, Julia/JÄGER, Reinhold S./FISCHER, Uwe C. (2009): Cyberbullying in Germany – an exploration of prevalence, overlapping with real life bullying and coping strategies. In: Psychology Science Quarterly 51, 298–314.

325.   ROST, Katja/STAHEL, Lea/FREY, Bruno (2016): Digital social norm enforcement: Online firestorms in social media. In: PLoS ONE 11, 6, 1–26.
       http://dx.doi.org/10.1371%2Fjournal.pone.0155923

326.   SCHARLOTH, Joachim (2017): Hassrede und Invektivität als Gegenstand der Sprachwissenschaft und Sprachphilosophie: Bausteine zu einer Theorie des Metainvektiven. In: Aptum 2, 116–132.

327.   SCHÜTTE, Christian (2013): Zur Funktion von Hass-Zuschreibungen in Online-Diskussionen: Argumentationsstrategien auf islamkritischen Websites. In: Meibauer, Jörg (Hg.): Hassrede/Hate Speech. Interdisziplinäre Beiträge zu einer aktuellen Diskussion (= Linguistische Untersuchungen). Gießen: Gießener Elektronische Bibliothek 2013, 121–141.

328.   SCHWARZ-FRIESEL, Monika (2013): „Juden sind zum Töten da" (studivz. net, 2008). Hass via Internet – Zugänglichkeit und Verbreitung von Antisemitismen im World Wide Web. In: Marx, Konstanze/Schwarz-Friesel, Monika (Hg.): Sprache und Kommunikation im technischen Zeitalter. Wieviel Internet (v)erträgt unsere Gesellschaft? Berlin/New York: de Gruyter, 213–236.

329.   SCHWARZ-FRIESEL, Monika (2013): „Dies ist kein Hassbrief – sondern meine eigene Meinung über Euch!" – Zur kognitiven und emotionalen Basis der aktuellen antisemitischen Hassrede. In: Meibauer, Jörg (Hg.): Hassrede/Hate Speech. Interdisziplinäre Beiträge zu einer aktuellen Diskussion (= Linguistische Untersuchungen). Gießen: Gießener Elektronische Bibliothek, 143–164.
       http://geb.uni-giessen.de/geb/volltexte/2013/9251/pdf/HassredeMeibauer_2013.pdf

330.   SPECHT, Tamara (2010): Vernetzt, verletzt? Cyberbullying unter Jugendlichen in Deutschland. Masterarbeit, Universität Augsburg.
       http://websquare.imb-uni-augsburg.de/files/Masterarbeit_Tamara_Ranner.pdf

331. Stefanolix (2017): Der Umgang mit dem Hass im Netz. In: Aptum 2, 186–192.

332. Tokunaga, Robert (2010): Following you home from school: A critical review and synthesis of research on cyberbullying victimization. In: Computers in Human Behavior 26, 277–287.

333. Vandebosch, Heidi/Van Cleemput, Katrien (2008): Defining cyberbullying: A qualitative research into the perceptions of youngsters. In: CyberPsychology & Behavior 11, 499–503.

334. Vogel, Friedemann (2016): Konflikte in der Internetkommunikation. In: Vogel, Friedmann/Luth, Janine/Ptashnyk, Stefaniya (Hg.): Linguistische Zugänge zu Konflikten in europäischen Sprachräumen. Korpus – Pragmatik – kontrovers. Heidelberg: Winter, 165–200.

335. Winkler, Sylvia (2001): Sprache und Sexualität im Internet. Eine Untersuchung von Chat-Gesprächen. In: Hoberg, Rudolf (Hg.): Sprache – Erotik – Sexualität (= Philologische Studien und Quellen 166). Berlin: Erich Schmidt, 259–282.

336. Witmer, Deirdre (1997): Risky business: Why people feel safe in sexually explicit on-line communication. In: Journal of Computer-Mediated Communication 2, 4, 8.
      http://jcmc.indiana.edu/vol2/issue4/witmer2.html

4.4   Digitalisierte Romantik

337. Androutsopoulos, Jannis/Schmidt, Gurly (2004): löbbe döch. Beziehungskommunikation mit SMS. In: Gesprächsforschung Online – Zeitschrift zur verbalen Interaktion 5, 1–22.
      http://www.gespraechsforschung-online.de/heft2004/ga-schmidt.pdf

338. Ben-Ze'ev, Aaron (2004): Love Online. Emotions on the Internet. Cambridge: Cambridge University Press.

339. Busch, Florian (2017): ‚Finden Sie den Partner, der wirklich zu Ihnen passt'. Eine multimodale Analyse von Werbespots für Online-Dating-Portale. In: Hess-Lüttich, Ernest W.B./Warnke, Ingo H./Reisigl, Martin/Kämper, Heidrun (Hg.): Diskurs – semiotisch. Aspekte multimodaler Diskurskodierung (= Diskursmuster – Discourse Patterns 14). Berlin/Boston: de Gruyter, 269–288.

340. Chenault, Brittney (1998): Developing personal and emotional relationships via computer-mediated communication. In: CMC-Magazine.
      http://www.december.com/cmc/mag/1998/may/chenault.html

341. Döring, Nicola (2002): Studying Online Love and Cyber Romance. In: Batinic, Bernad/Reips, Ulf-Dietrich/Bosnjak, Michael (eds.): Online Social Sciences. Seattle: Hogrefe, 333–356.

342. Döring, Nicola (2003): Internet-Liebe: Zur technischen Mediatisierung intimer Kommunikation. In: Höflich, Joachim R./Gebhardt, Julian (Hg.): Vermittlungskulturen im Wandel: Brief–Email–SMS. Frankfurt/Main [u. a.]: Lang, 233–264.

343. FRICK, Katharina (2014): Liebeskommunikation über Facebook. Eine kor-
      pusbasierte Untersuchung kommunikationstheoretischer und sprachli-
      cher Merkmale der Paar-Kommunikation auf Facebook. In: Networx 65.
      http://www.mediensprache.net/de/networx/networx-65.aspx

344. LANGLOTZ, Andreas/Locher, Miriam A. (2012): Ways of communicating
      emotional stance in online disagreements. In: Journal of Pragmatics
      44, 12, 1591–1606.

345. MARX, Konstanze (2012): „XYZ hat dich angestupst." – Romantische
      Erstkontakte bei Facebook – Ein Schnittstellenphänomen? In: Costan-
      za, Christina/Ernst, Christina (Hg.): Personen im Web 2.0. Kommuni-
      kationswissenschaftliche, ethische und anthropologische Zugänge zu
      einer Theologie der Social Media. Göttingen: Edition Ruprecht, 48–72.

346. MARX, Konstanze (2012): „Ich finde Dein Profil interessant" – Warum
      virtuelle Erstkontakte auch für Linguisten interessant sind. In: Bedijs,
      Kristina/Heyder, Karoline Henriette (Hg.): Sprache und Personen im
      Web 2.0. Münster: LIT-Verlag, 95–109.

347. MARX, Konstanze (2012): Liebesbetrug 2.0 – Wie emotionale Illusio-
      nen sprachlich kreiert werden. In: Iakushevich, Marina/Arning, Astrid
      (Hg.): Strategien persuasiver Kommunikation. Hamburg: Dr. Kovac,
      147–165.

348. MÜLLER, Nicole/SCHARLOTH, Joachim (2017): Beziehung und ‚Scripted
      narrative': Erzählungen vom Ersten Mal. In: Linke, Angelika/Schröter,
      Juliane (Hg.): Sprache und Beziehung (= Linguistik, Impulse und Ten-
      denzen, 69). Berlin: de Gruyter, 73–97.

349. KALINOWSKY, Uwe (1999): Emotionstransport in textuellen Chats. In:
      Networx 12.
      https://www.mediensprache.net/de/networx/networx-12.aspx

350. THALER, Verena (2012): Beziehungsorientierte Online-Kommunikation
      aus theoretischer und empirischer Perspektive. In: Bedijs, Kristina/
      Heyder, Karoline Henriette (Hg.): Sprache und Personen im Web 2.0.
      Linguistische Perspektiven auf YouTube, SchülerVZ & Co. Münster: LIT,
      131–152.

351. THALER, Verena (2012): Zur Bedeutung realer und virtueller Räume
      in beziehungsorientierter Online-Kommunikation. In: Gerstenberg,
      Annette/Polzin-Haumann, Claudia/Osthus, Dietmar (Hg.): Sprache
      und Öffentlichkeit in realen und virtuellen Räumen. Akten der Sek-
      tion auf dem 7. Kongress des Frankoromanistenverbands (Essen, 29.9.–
      2.10.2010). Bonn: Romanistischer Verlag, 197–216.

352. TONG, Stephanie Tom/WALTHER, Joseph B. (2011): Relational mainte-
      nance and computer-mediated communication. In: Wright, Kevin B./
      Webb, Lynne M. (eds.): Computer-mediated communication in person-
      al relationships. New York: Lang, 98–118.

353. VANDERGRIFF, Ilona (2013): Emotive communication online: A contex-
      tual analysis of computer-mediated communication (CMC) cues. In:
      Journal of Pragmatics 51, 1–12.

354. WALTHER, Josep B./RAMIREZ, Artemio (2009): New technologies and new directions in online relating. In: Smith, Sandi W./Wilson, Steven R. (eds.): New directions in interpersonal communication research. Thousand Oaks, CA: Sage, 264–284.

355. ZILLMANN, Doreen/ SCHMITZ, Andreas/BLOSSFELD, Hans-Peter (2011): Lügner haben kurze Beine. Zum Zusammenhang unwahrer Selbstdarstellung und partnerschaftlicher Chancen im Online-Dating. In: Zeitschrift für Familienforschung 23, 3, 291–318.

356. ZHAO, Xuan/SOSIK, Victoria Schwanda/COSLEY, Dan (2012): It's complicated: How romantic partners use Facebook. In: Konstan, Joseph A./ Chi, Ed/Höök, Kristina (eds.): Proceedings of the 2012 ACM Annual Conference on Human Factors in Computing Systems. New York: ACM, 771–780.

4.5   Trauer 2.0

357. BRUBAKER, Jed R./Hayes, Gillian R./DOURISH, Paul (2013): Beyond the grave: Facebook as a site for the expansion of death and mourning. In: The Information Society 29(3), 152–163.

358. CARROLL, Brian/LANDRY, Katie (2010): Logging on and letting out: Using online social networks to grieve and to mourn. In: Bulletin of Science, Technology & Society 30(5), 341–349.

359. DEGROOT, Jocelyn M. (2012): Maintaining relational continuity with the deceased on Facebook. In: Journal of Death and Dying 65, 3, 195–212.

360. DOBLER, Robert (2009): Ghosts in the machine: Mourning the myspace dead. In: Blank, Trevor (ed.): Folklore and the Internet: Vernacular expression in a digital world. Logan, UT: Utah State University Press, 175–193.

361. GETTY, Emily/COBB, Jessica/GABELER, Meryl/NELSON, Christine/WENG, Ellis/HANCOCK, Jeffrey (2011): I said your name in an empty room: Grieving and continuing bonds on Facebook. In: Proceedings of the SIGCHI Conference on Human Factors in Computing Systems, 7.–12. Mai. Vancouver, 997–1000.

362. PAWELCZYK, Joanna (2013): Coping online with loss: Implications for offline clinical contexts. In: Language@Internet 10, 8.
http://www.languageatinternet.org/articles/2013/pawelczyk/pawelczyk.pdf

363. TIENKEN, Susanne (2016): Sternenkinder – Sternenmamas. Soziale Kategorisierungen und relationale Identitätszuweisungen in Online-Trauerforen. In: Grotek, Edyta/Norkowska, Katarzyna (Hg.): Sprache und Identität – Philologische Einblicke. Berlin: Frank & Timme, 267–277.

364. TIENKEN, Susanne (i. Dr./2019): Virtuelle Trauer im Spannungsfeld zwischen Öffentlichkeit und Privatheit. Zur Bedeutung medialer Affordanzen für die Gestaltung emotionaler Praktiken. In: Hauser, Stefan/Wyss, Eva-Lya/Opilowski, Roman (Hg.): Alternative Öffentlichkeit. Zwischen Partizipation, Sharing und Vergemeinschaftung. Berlin: transcript.

365. WILLIS, Erin/FERRUCCI, Patrick (2017): Mourning and grief on Facebook: An examination of motivations for interacting with the deceased. In: OMEGA – Journal of Death and Dying 76, 2, 122–140.

4.6 Interaktion in Games

366. BEER, Sonja (2008): Zwischen den Welten. Zur kommunikativen Konstruktion von Wirklichkeit im Medium Internet. Eine linguistische Studie zu „VampireLive"-Rollenspielforen. Hildesheim/Zürich/New York: Olms.

367. CHERNY, Lynn (1995): The Modal Complexity of Speech Events in a Social MUD. In: Electronic Journal of Communication 5, 4.
www.cios.org/EJCPUBLIC/005/4/00546.html

368. CHERNY, Lynn (1995): Objectifying the Body in the Discourse of an Object-Oriented MUD. In: Stivale, Charles (ed.): Cyberspaces: Pedagogy and Performance on the Electronic Frontier. A special issue of Works and Days 25/26, 13, 1&2.
http://www.hayseed.net/MOO/cherny3.html

369. DONICK, Mario (2008): „Eine Maus hat gerade Thagor umgebracht." Kontext und Sprachhandeln in textbasierten virtuellen Welten. In: WISSENSCHAFT in progress 2, 9–38.

370. MUÑOZ, Arantxa Santos (2016): Attending Multi-Party Videoconference Meetings: The Initial Problem. In: Language@Internet 13, 3.
http://www.languageatinternet.org/articles/2016/munoz

371. RECKTENWALD, Daniel (2017): Toward a transcription and analysis of live streaming on Twitch. In: Journal of Pragmatics 115, 68–81.

372. ROSENBAUM, Laura/RAFAELI, Sheizaf/KURZON, Dennis (2016): Participation frameworks in multiparty video chats cross-modal exchanges in public Google Hangouts. In: Journal of Pragmatics 94, 29–46.

4.7 Mensch-Maschine-Interaktion

373. ANTOS, Gerd (2017): Wenn Roboter „mitreden"… Brauchen wir eine Disruptions-Forschung in der Linguistik? In: Zeitschrift für Germanistische Linguistik 45, 3, 392–418.

374. ANTOS, Gerd (i. Dr.): Festschrift für den homo loquens? Wenn Roboter sprechen, werden Menschen verstummen? Der disruptive Einbruch der Digital- in die Sprachkultur. In: Hackstein, Olav/Opfermann, Andreas (Hg.): Priscis libentius … et liberius novis. Indogermanistische und sprachwissenschaftliche Studien. Festschrift für Gerhard Meiser zum 65. Geburtstag. Unter Mitarbeit von Harald Bichlmeier und Sabine Häusler. Hamburg: Baar.

375. JAKOBS, Eva-Maria/LEHNEN, Katrin (2006): Linguistische Konzepte und Methoden der kommunikativ orientierten Usability-Forschung. In: Blühdorn, Hardarik/Breindl, Eva/Waßner, Ulrich (Hg.): Text – Verstehen. Grammatik und darüber hinaus (= Jahrbuch des Instituts für Deutsche Sprache 2005). Berlin/New York: de Gruyter, 390–393.

376.   JAKOBS, Eva-Maria (2010): Des Nutzers Lust und Frust. Kommunikative Usability hypermedialer Systeme. In: SDV. Sprache und Datenverarbeitung 1, 7–19.

377.   LOBIN, Henning (2014): Engelbarts Traum. Wie der Computer uns Lesen und Schreiben abnimmt. Frankfurt/New York: Campus-Verlag.

378.   LOBIN, Henning (2015): Lesen und lesen lassen. Nimmt der Computer uns bald das Lesen ab? In: Weiterbildung 3/2015, 24–26.

379.   LOBIN, Henning/LEHNEN, Katrin, Regine Leitenstern und Jana Klawitter (Hg., 2013): Lesen, Schreiben, Erzählen. Kommunikative Kulturtechniken im digitalen Zeitalter (= Interaktiva, 13). Frankfurt, New York: Campus.

380.   LOTZE, Netaya (2016): „Chatbots – eine linguistische Analyse“. Frankfurt/Main [u. a.]: Lang.

381.   LOTZE, Netaya (2012): „Determinierte Dialoge?“ Chatbots auf dem Web ins Web 3.0. In: Siever, Torsten/Schlobinski, Peter (Hrsg): Entwicklungen im Web 2.0. Ergebnisse des III. Workshops zur linguistischen Internetforschung. Frankfurt/Main [u. a.]: Lang, 24–47.

382.   LOTZE, Netaya (2012): Warum Chatbots keine gekochten Katzen lieben. Artifizielle Dialogagenten und ihre Sprache. In: Unimagazin. Zeitschrift der Leibniz Universität Hannover 1/2, 70–73.
       http://www.mediensprache.net/archiv/pubs/4516.pdf

383.   STORP, Michaela (2002): Chatbots. Möglichkeiten und Grenzen der maschinellen Verarbeitung natürlicher Sprache. In: Networx 25.
       https://www.mediensprache.net/networx/networx-25.pdf

5. Kommunikationsformen und -plattformen/Genres

5.1 E-Mail

384. BEUTNER, Yvonne (2002): E-Mail-Kommunikation. Eine Analyse. Stuttgart: ibidem.

385. DÜRSCHEID, Christa (2006): Merkmale der E-Mail-Kommunikation. In: Schlobinski, Peter (Hg.): Von „hdl" bis „cul8r". Sprache und Kommunikation in den neuen Medien. Mannheim: Duden, 104–117.

386. GEORGAKOPOULOU, Alexandra (2004): To tell or not to tell? Email stories between on- and offline interactions. In: Language@Internet 1, 1.
http://www.languageatinternet.org/articles/2004/36/EmailnarrativesDOULOS0302.rtf.pdf

387. GOLDBARG, Rosalyn Negrón (2009): Spanish-English codeswitching in email communication. In: Langugae@Internet 6, 3.
http://www.languageatinternet.org/articles/2009/2139/Negron.pdf

388. HANDLER, Peter (2002): E-mail zwischen Stil und Lifestyle. In: Ziegler, Arne/Dürscheid, Christa (Hg.): Kommunikationsform E-Mail. Tübingen: Stauffenburg, 143–168.

389. HO, Victor (2011): What functions do intertextuality and interdiscursivity serve in request e-mail discourse?. In: Journal of Pragmatics 43, 10, 2534–2547.

390. JANSEN, Frank (2012): The putative email style and its explanations: Evidence from two effect studies of Dutch direct mail letters and direct marketing emails. In: Language@Internet 9, 2.
http://www.languageatinternet.org/articles/2012/Jansen/jansen.pdf

391. PANSEGRAU, Petra (1997): Dialogizität und Degrammatikalisierung in E-Mails. In: Weingarten, Rüdiger (Hg.): Sprachwandel durch Computer. Opladen: Westdeutscher Verlag, 86–104.

392. ROWE, Charley (2011): Whatchanade? Rapid language change in a private email sibling code. In: Language@Internet 8, 6.
http://www.languageatinternet.org/articles/2011/Rowe/rapidlanguagechange

393. SCHMITZ, Ulrich (2002): E-Mails kommen in die Jahre. Telefonbriefe auf dem Weg zu sprachlicher Normalität. In: Ziegler, Arne/Dürscheid, Christa (Hg.): Kommunikationsform E-Mail. Tübingen: Stauffenburg, 33–56.

394. SCHÜTTE, Wilfried (2002): Diskursstrukturen in fachlichen Mailinglisten: zwischen Einwegkommunikation und Interaktion. In: Beißwenger, Michael/Hoffmann, Ludger/Storrer, Angelika (Hg.): Internetbasierte Kommunikation. Osnabrücker Beiträge zur Sprachtheorie 68. Duisburg: Gilles & Francke, 55–75.

395. THURNHERR, Franziska (2017): "As it's our last exchange next time...". The closure initiation in email counseling. In: Linguistik Online 87, 8.
https://bop.unibe.ch/linguistik-online/article/view/4180

396. ZIEGLER, Arne/DÜRSCHEID, Christa (Hg.) (2002): Kommunikationsform E-Mail. Tübingen: Stauffenburg.

5.2   Weblogs

397.   BAREKET-BOJMEL, Liad (2013): The blog effect: The distressed anticipa-
       tion response. In: Language@Internet 10, 9.
       http://www.languageatinternet.org/articles/2013/bareketbojmel/bareket-bojmel.pdf

398.   BOLANDER, Brook (2012): Disagreements and agreements in personal/
       diary blogs: A closer look at responsiveness. In: Journal of Pragmatics
       44, 12, 1607–1622.

399.   DAYTER, Daria (2014): Self-praise in microblogging. In: Journal of Prag-
       matics 61, 91–102.

400.   FRAAS, Claudia/BARCZOK, Achim (2006): Intermedialität – Transme-
       dialität. Weblogs im öffentlichen Diskurs. In: Androutsopoulos, Jan-
       nis/Runkehl, Jens/Schlobinski, Peter/Siever, Torsten (Hg.): Neuere
       Entwicklungen in der Internetforschung (= Germanistische Linguistik
       186–187). Hildesheim/Zürich/New York: Olms, 132–160.

401.   HERRING, Susan/KOUPER, Inna/PAOLILLO, John C./SCHEIDT, Lois Ann/
       TYWORTH, M./WELSCH, Peter/WRIGHT, Elijah/YU, Ning (2005): Conver-
       sations in the blogosphere: An analysis "from the bottom up." In: Pro-
       ceedings of the Thirty-Eighth Hawai'i International Conference on Sys-
       tem Sciences (HICSS-38). Los Alamitos: IEEE Press, 1–10.
       https://cns.iu.edu//images/pub/2005-herring-blogosph.pdf

402.   HERRING, Susan/SCHEIDT, Lois Ann/BONUS, Sabrina/WRIGHT, Elijah
       (2005): Weblogs as a bridging genre. In: Information, Technology &
       People 18, 2, 142–171.

403.   HEYD, Theresa (2017): Blogs. In: Hoffmann, Christian R./Bublitz,
       Wolfram (eds.): Pragmatics of social media. Berlin/Boston: de Gruyter,
       151–172.

404.   HINCHCLIFFE, Dion (2006): The state of Web 2.0. Weblog, 2006-04-02.
       http://www.co-bw.com/Web_2_the_state_of_web_2.htm

405.   LAZARATON, Anne (2014): Aaaaack! The active voice was used! Lan-
       guage play, technology, and repair in the Daily Kos weblog. In: Journal
       of Pragmatics 64, 102–116.

406.   LAZARATON, Anne (2014): "And, worst of all, habeus was corpsed": Lan-
       guage play using a passive voice frame on the Daily Kos weblog. In: Lan-
       guage@Internet 11, 2.
       http://www.languageatinternet.org/articles/2014/lazaraton

407.   LEHTI, Lotta/LAIPPALA, Veronika (2014): Style in French politicians'
       blogs: Degree of formality. Language@Internet 11, 1.
       http://www.languageatinternet.org/articles/2014/lehti

408.   LIMATIUS, Hanna (2016): „A World of Beautiful Fat Babes": Commun-
       ity-Building Practices in Plus-Size Fashion Blogs. In: Language@Internet
       13, 4.
       http://www.languageatinternet.org/articles/2016/limatius

409.   LUTZKY, Ursula/KEHOE, Andrew (2017): "Oops, I didn't mean to be so flippant". A corpus pragmatic analysis of apologies in blog data. In: Journal of Pragmatics 116, 27–36.

410.   PETERSON, Eric E. (2011): How conversational are weblogs?. In: Language@Internet 8, 8.
       http://www.languageatinternet.org/articles/2011/Peterson/peterson.pdf

411.   SCHILDHAUER, Peter (2017): A Diachronic Approach to Web-Based Genres: The Case of the Personal Weblog. In: Linguistik Online 80, 1.
       https://bop.unibe.ch/linguistik-online/article/view/3567

412.   SCHMIDT, Jan (2006): Weblogs. Eine kommunikationssoziologische Studie. Konstanz: UVK.

5.3   Foren

413.   ANDERSEN, Elisabeth (2017): Typing yourself accountable: Objectifying subjective experiences in an online health forum. In: Linguistik Online 87, 8.
       https://bop.unibe.ch/linguistik-online/article/view/4172/6260

414.   ARENDHOLZ, Jenny (2017): Message boards. In: Hoffmann, Christian R./Bublitz, Wolfram (eds.): Pragmatics of social media. Berlin/Boston: de Gruyter, 125–150.

415.   DEMJÉN, Zsófia (2016): Laughing at cancer: Humour, empowerment, solidarity and coping online. In: Journal of Pragmatics 101, 18–30.

416.   FAGE-BUTLER, Antoinette (2017): Hub of medical expertise or medicalised conveyor-belt? Sharing meanings online on the hospital birth setting. In: Linguistik Online 87, 8.
       https://bop.unibe.ch/linguistik-online/article/view/4173/6262

417.   HAAS, Alexander/BROSIUS, Hans-Bernd (2011): Interpersonal-öffentliche Kommunikation in Diskussionsforen: Strukturelle Äquivalenz zur Alltagskommunikation? In: Wolling, Jens/Will, Andreas/Schumann, Christina (Hg.): Medieninnovationen. Wie Medienentwicklungen die Kommunikation in der Gesellschaft verändern. Konstanz: UVK, 103–119.

418.   JAWORSKA, Sylvia (2014): Playful language alternation in an online discussion forum: The example of digital code plays. In: Journal of Pragmatics 71, 56–68.

419.   LINDHOLM, Loukia (2017): "So now I'm panic attack free!": Response stories in a peer-to-peer online advice forum on pregnancy and parenting. In: Linguistik Online 87, 8.
       https://bop.unibe.ch/linguistik-online/article/view/4171/6258

420.   PAPPERT, Steffen/ROTH, Kersten Sven (2016): Diskursrealisationen in Online-Foren. In: Zeitschrift für Angewandte Linguistik 65, 37–66.

421.   RUDOLF VON ROHR, Marie-Thérèse (2017): „If you start again, don't worry. You haven't failed". Relapse talk and motivation in online smoking cessation. In: Linguistik Online 87, 8.
       https://bop.unibe.ch/linguistik-online/article/view/4174/6264

422.   STEGBAUER, Christian/RAUSCH, Alexander (2001): Die schweigende
        Mehrheit – „Lurker" in internetbasierten Diskussionsforen. In: Zeit-
        schrift für Soziologie 1, 30, 47–64.

423.   STOMMEL, Wyke (2008): Mein Nick bin ich! Nicknames in a German Fo-
        rum on Eating Disorders. In: Journal of Computer-Mediated Communi-
        cation 13, 141–162.

424.   TIENKEN, Susanne (2012): Wenn aus Erzählungen Genres werden.
        Überlegungen zum Erzählen und Mitwirken in Webforen. In: Grucza,
        Franciszek/Heinemann, Margot/Mikolajczyk, Beata/Warnke, Ingo
        H. (Hg.): Vielheit und Einheit der Germanistik weltweit. Akten des
        XII. Kongress der Internationalen Vereinigung für Germanistik (IVG),
        16. Warschau, 30. Juli – 7. August 2010. Frankfurt/Main: Lang, 295–
        301.

5.4   Chat und Instant Messaging

425.   ANDROUTSOPOULOS, Jannis/ZIEGLER, Evelyn (2003): Sprachvariation
        und Internet: Regionalismen in einer Chat-Gemeinschaft. In: And-
        routsopoulos, Jannis/Ziegler, Evelyn (Hg.): ‚Standardfragen'. Sozio-
        linguistische Perspektiven auf Sprachgeschichte, Sprachkontakt und
        Sprachvariation. Frankfurt/Main [u. a.]: Lang, 251–279.

426.   ASCHWANDEN, Brigitte (2001): „Wär wot chätö?" Zum Sprachverhalten
        deutschschweizerischer Chatter. In: Networx 24.
        https://www.mediensprache.net/de/networx/networx-24.aspx

427.   BARON, Naomi S. (2010): Discourse structures in Instant Messaging:
        The case of utterance breaks. In: Language@Internet 7, 4.
        http://www.languageatinternet.org/articles/2010/2651/Baron.pdf

428.   BEISSWENGER, Michael (2000): Kommunikation in virtuellen Welten:
        Sprache, Text und Wirklichkeit. Eine Untersuchung zur Konzeptionali-
        tät von Kommunikationsvollzügen und zur textuellen Konstruktion von
        Welt in synchroner Internetkommunikation, exemplifiziert am Beispiel
        eines Webchats. Stuttgart: ibidem.

429.   BEISSWENGER, Michael (2002): Das Knistern zwischen den Zeilen. In-
        szenierungspotenziale in der schriftbasierten Chat-Kommunikation.
        In: dichtung-digital – Magazin zur digitalen Ästhetik 9.
        http://www.dichtung-digital.de/2002/modemfieber/beisswenger.htm

430.   BEISSWENGER, Michael (2002): Getippte Gespräche und ihre trägerme-
        diale Bedingtheit. Zum Einfluß technischer und prozeduraler Fakto-
        ren auf die kommunikative Grundhaltung beim Chatten. In: Schröder,
        Ingo W./Voell, Stéphane (Hg.): Moderne Oralität. Ethnologische Per-
        spektiven auf die plurimediale Gegenwart. Marburg: Curupira, 265–
        299.

431.   BEISSWENGER, Michael (2007): Sprachhandlungskoordination in der
        Chat-Kommunikation. Berlin/New York: de Gruyter.

432. BEISSWENGER, Michael (2008): Situated chat analysis as a window to the user's perspective: Aspects of temporal and sequential organization. In: Language@Internet 5, 6.
http://www.languageatinternet.org/articles/2008/1532/beiss.pdf

433. BEISSWENGER, Michael (2009): Multimodale Analyse von Chat-Kommunikation. In: Birkner, Karin/Stukenbrock, Anja (Hg.): Die Arbeit mit Transkripten in Fortbildung, Lehre und Forschung. Mannheim: Verlag für Gesprächsforschung, 117–143.

434. BEISSWENGER, Michael (2010): Empirische Untersuchungen zur Produktion von Chat-Beiträgen. In: Sutter, Tilmann/Mehler, Alexander (Hg.): Medienwandel als Wandel von Interaktionsformen. Wiesbaden: Verlag für Sozialwissenschaften, 47–81.

435. BEISSWENGER, Michael (2010): Chattern unter die Finger geschaut: Formulieren und Revidieren bei der schriftlichen Verbalisierung in synchroner internetbasierter Kommunikation. In: Ágel, Vilmos/Henning, Mathilde (Hg.): Nähe und Distanz im Kontext variations-linguistischer Forschung. Berlin/New York: de Gruyter, 247–294.

436. BEISSWENGER, Michael (2013): Das Dortmunder Chat-¬Korpus: ein annotiertes Korpus zur Sprachverwendung und sprachlichen Variation in der deutschsprachigen Chat-Kommunikation.
http://www.linse.uni-due.de/tl_files/PDFs/Publikationen-Rezensionen/Chatkorpus_Beisswenger_2013.pdf

437. BEISSWENGER, Michael (2013): Raumorientierung in der Netzkommunikation. Korpusgestützte Untersuchungen zur lokalen Deixis in Chats. In: Frank-Job, Barbara/Mehler, Alexander/Sutter, Tillmann (Hg.): Die Dynamik sozialer und sprachlicher Netzwerke. Konzepte, Methoden und empirische Untersuchungen an Beispielen des WWW. Wiesbaden: Springer, 207–258.

438. BEISSWENGER, Michael (2013): Space in computer-mediated communication: Corpus-based investigations on the use of local deictics in chats. In: Auer, Peter/Hilpert, Martin/Stukenbrock, Anja/Szmrecsanyi, Benedikt (eds.): Linguistic Perspectives on Space: Geography, Interaction, and Cognition. Berlin/New York: de Gruyter, 494–528.

439. BERGLUND, Therese Örnberg (2009): Disrupted turn adjacency and coherence maintenance in Instant Messaging conversations. In: Language@Internet 6, 2.
http://www.languageatinternet.org/articles/2009/2106/Berglund.pdf

440. BRANDT, Adam/JENKS, Christopher (2013): Computer-mediated spoken interaction: Aspects of trouble in multi-party chat rooms. In: Language@Internet 10, 5.
http://www.languageatinternet.org/articles/2013/Brandt/brandt.jenks.pdf

441. BURRI, Gabriela (2003): Spontanschreibung im Chat. In: Linguistik Online 15, 3.
https://bop.unibe.ch/linguistik-online/article/view/813/1401

442. ECKER, Robert (2011): Creation of Internet Relay Chat Nicknames and Their Usage in English Chatroom Discourse. In: Linguistik Online 50, 6.
https://bop.unibe.ch/linguistik-online/article/view/317/467

443. ENGLER, Lela-Rose (2003): Einsatz eines didaktisch gelenkten Chatrooms im Fremdsprachenunterricht. In: Linguistik Online 15, 3.
https://bop.unibe.ch/linguistik-online/article/view/814/1403

444. FIX, Tina (2010): Generation @ im Chat. München: KoPäd.

445. GALLERY, Heike (2000): „bin ich – klick ich" – Variable Anonymität im Chat. In: Thimm, Caja (Hg.): Soziales im Netz. Opladen: Westdeutscher Verlag, 71–88.

446. GOUTSOS, Dionysis (2005): The interaction of generic structure and interpersonal relations in two-party e-chat discourse. In: Language@ Internet 2, 3.
http://www.languageatinternet.org/articles/2005/188/Goutsos0308_DOULOS.rtf.pdf

447. HENN-MEMMESHEIMER, Beate/EGGERS, Ernst (2010): Inszenierung, Etablierung und Auflösung: Karriere einer grammatischen Konstruktion im Chat zwischen 2000 und 2010. In: Networx 57.
https://www.mediensprache.net/networx/networx-57.pdf

448. HERRING, Susan/KUTZ, Daniel O./PAOLILLO, John C./ZELENKAUSKAITE, Asta (2009): Fast talking, fast shooting: Text chat in an online first-person game. In: Proceedings of the Forty-Second Hawai'i International Conference on System Sciences (HICSS-42). Los Alamitos, California: IEEE Press, 1–10.

449. HESS-LÜTTICH, Ernest/WILDE, Eva (2003): Der Chat als Textsorte und/ oder Dialogsorte. In: Kleinberger-Günther, Ulla/Wagner, Franc (Hg.): Neue Medien – Neue Kompetenzen? Texte produzieren und rezipieren im Zeitalter digitaler Medien. Frankfurt/Main [u. a.]: Lang, 49–70.

450. HINRICHS, Gisela (1997): Gesprächsanalyse Chatten. In: Networx 2.
https://www.mediensprache.net/de/networx/networx-2.aspx

451. HOLMER, Torsten (2008): Discourse structure analysis of chat communication. In: Language@Internet 5, 10.
http://www.languageatinternet.org/articles/2008/1633/holmer.pdf

452. HUNG, Aaron Chia Yuan (2017): Hanging Out on Xbox Live: How Teens Enter and Open Conversations in Party Chats. In: Language@Internet 14, 3.
http://www.languageatinternet.org/articles/2017/hung

453. JARBOU, Samir/AL-SHARE, Bhutania (2012): The effect of dialect and gender on the representation of consonants in Jordanian chat. In: Language@Internet 9, 1.
http://www.languageatinternet.org/articles/2012/Jarbou/jarbou.pdf

454. KAZIABA, Viktoria (2016): Nicknamen in der Netzkommunikation. In: Der Deutschunterricht 68, 1, 24–28.

455. KESSLER, Florence (2008): Instant Messaging. Eine neue interpersonale Kommunikationsform. In: Networx 52.
https://www.mediensprache.net/networx/networx-52.pdf

456. LINDEMANN, Katrin/RUOSS, Emanuel/WEINZINGER, Caroline (2014): Dialogizität und sequenzielle Verdichtung in der Forenkommunikation: Editieren als kommunikatives Verfahren. In: Zeitschrift für Germanistische Linguistik 42 ,2, 223–252.

457. LUGINBÜHL, Martin (2003): Streiten im Chat. In: Linguistik Online 15, 3.
https://bop.unibe.ch/linguistik-online/article/view/816/1407

458. PANKOW, Christine (2003): Zur Darstellung nonverbalen Verhaltens in deutschen und schwedischen IRC-Chats. Eine Korpusuntersuchung. In: Linguistik Online 15, 3.
https://bop.unibe.ch/linguistik-online/article/view/817/1409

459. PAOLILO, John C. (2011): "Conversational" codeswitching on Usenet and Internet Relay Chat. In: Language@Internet 8, 4.
http://www.languageatinternet.org/articles/2011/Paolillo/paolillo.pdf

460. SIEBENHAAR, Beat (2003): Sprachgeographische Aspekte der Morphologie und Verschriftung in schweizerdeutschen Chats. In: Linguistik Online 15, 3.
https://bop.unibe.ch/linguistik-online/article/view/818/1411

461. SIEBENHAAR, Beat (2006): Das sprachliche Normenverständnis in mundartlichen Chaträumen der Schweiz. In: Androutsopoulos, Jannis/Runkhel, Jens/Schlobinski, Peter/Siever, Torsten (Hg.): Neuere Entwicklung in der linguistischen Internetforschung (Germanistische Linguistik 186–187). Hildesheim/Zürich/New York: Olms, 45–67.

462. SIEBENHAAR, Beat (2006): Gibt es eine jugendspezifische Varietätenwahl in Schweizer Chaträumen? In: Dürscheid, Christa/Spitzmüller, Jürgen (Hg.): Perspektiven der Jugendsprachforschung/Trends and Developments in Youth Language Research (= Sprache – Kommunikation – Kultur 3). Frankfurt/Main: Lang, 227–23.

463. SPITZMÜLLER, Jürgen (2009): Chat-Kommunikation: Interaktion im virtuellen Raum als multidisziplinäres Forschungsfeld. In: Moraldo, Sandro M. (Hg.): Internet.kom. Neue Sprach- und Kommunikationsformen im WorldWideWeb. Band 1: Kommunikationsplattformen. Rom: Aracne, 71–107.

464. STOMMEL, Wyke/VAN DER HOUWEN, Fleur (2013): Formulations in 'Trouble' chat sessions. In: Language@Internet 10, 3.
http://www.languageatinternet.org/articles/2013/stommel/stommel.vanderhouwen.pdf

465. STOMMEL, Wyke/PAULUS, Trena M./ATKINS, David P. (2017): "Here's the link": Hyperlinking in service-focused chat interaction. In: Journal of Pragmatics 115, 56–67.

466. STORRER, Angelika (2001): Getippte Gespräche oder dialogische Texte? Zur kommunikationstheoretischen Einordnung der Chat-Kommunikation. In: Lehr, Andrea/Kammerer, Matthias/Konerding, Klaus-Peter/

Storrer, Angelika/Thimm, Caja/Wolski, Werner (Hg.): Sprache im Alltag. Beiträge zu neuen Perspektiven der Linguistik. Berlin/New York: de Gruyter, 439–466.

467. STORRER, Angelika (2001): Sprachliche Besonderheiten getippter Gespräche. Sprecherwechsel und sprachliches Zeigen in der Chat-Kommunikation. In: Beißwenger, Michael (Hg.): Chat-Kommunikation. Sprache, Interaktion, Sozialität und Identität in synchroner computervermittelter Kommunikation. Stuttgart: ibidem, 3–24.

468. VOGEL, Petra M. (2003): Passiv in deutschsprachigen Chats. Eine Korpusanalyse. In: Linguistik Online 15, 3.
https://bop.unibe.ch/linguistik-online/article/view/819/1413

5.5 SMS und Messenger

469. ANDROUTSOPOULOS, Jannis/Schmidt, Gurly (2002): SMS-Kommunikation. Ethnografische Gattungsanalyse am Beispiel einer Kleingruppe. In: Zeitschrift für Angewandte Linguistik 36, 49–79.

470. ARENS, Katja (2014): WhatsApp. Kommunikation 2.0. Eine qualitative Betrachtung der multimedialen Möglichkeiten. In: König, Katharina/Bahlo, Nils (Hg.): SMS, WhatsApp & Co.: Gattungsanalytische, kontrastive und variationslinguistische Perspektiven zur Analyse mobiler Kommunikation (= Wissenschaftliche Schriften der WWU Münster, Reihe XII, 12). Münster: Westfälische Wilhelms-Universität, 1–32.

471. ARENS, Katja/NÖSLER, Nadine (2014): Jaaaa :) alles klar!! bis morgen hdl :-*. Der Ausdruck von Emotionen in SMS. In: Berg, Frieda/Mende, Yvonne (Hg.): Verstehen und Verständigung in der Interaktion. Analysen von Online-Foren, SMS, Instant-Messaging, Video-Clips und Lehrer-Eltern-Gesprächen. Mannheim: Verlag für Gesprächsforschung, 46–60.

472. BERNICOT, Josie/VOLCKAERT-LEGRIER, Olga/GOUMI, Antonine/BERT-ERBOUL, Alain (2012): Forms and functions of SMS messages: A study of variations in a corpus written by adolescents. In: Journal of Pragmatics 44, 1701–1715.

473. BUCHER, Claudia (2016): SMS-User als »glocal player«: Formale und funktionale Eigenschaften von Codeswitching in SMS-Kommunikation. In: Networx 73.
http://www.mediensprache.net/de/networx/networx-73.aspx

474. CHURCH, Karen/DE OLIVEIRA, Rodrigo (2013): What's up with WhatsApp? Comparing Mobile Instant Messaging Behaviours with Traditional SMS. In: Proceedings of the 15th international conference on Human-computer interaction with mobile devices and services. New York: ACM, 352–361.

475. CRYSTAL, David (2008): Txtng: the Gr8 Db8. Oxford: Oxford University Press.

476. DITTMANN, Jürgen/SIEBERT, Hedy/STAIGER-ANLAUF, Yvonne (2007): Medium und Kommunikationsform am Beispiel der SMS. In: Networx 50.
http://www.mediensprache.net/networx/networx-50.pdf

477. DÖRING, Nicola (2002): „Kurzm. Wird gesendet" – Abkürzungen und Akronyme in der SMS-Kommunikation. In: Muttersprache. Vierteljahreszeitschrift für Deutsche Sprache 112, 2, 97–114.

478. DÜRSCHEID, Christa/FRICK, Karina (2014): Keyboard-to-screen-Kommunikation gestern und heute: SMS und WhatsApp im Vergleich. In: Networx 64, 149–181.
https://www.mediensprache.net/de/networx/networx-64.aspx

479. DÜRSCHEID, Christa/STARK, Elisabeth (2011): sms4science. An international Corpus-Based Texting Project and the Specific Challenges for Multilingual Switzerland. In: Thurlow, Crispin/Mroczek, Kristine (eds.): Digital Disclosure. Language in the New Media. Oxford: Oxford University Press, 299–320.

480. DÜRSCHEID, Christa/STARK, Elisabeth (2013): Anything goes? SMS, phonographisches Schreiben und Morphemkonstanz. In: Neef, Martin/Scherer, Carmen (Hg.): Die Schnittstelle von Morphologie und geschriebener Sprache. Berlin/Boston: de Gruyter, 189–209.

481. FERNANDEZ, Julieta/YULDASHEV, Aziz (2011): Variation in the use of general extenders and stuff in instant messaging interactions. In: Journal of Pragmatics 43, 10, 2610–2626.

482. FREHNER, Carmen (2008): Email, SMS, MMS: the linguistic creativity of asynchronous discourse in the new media age. Bern: Lang.

483. FRICK, Karina (2017): Elliptische Strukturen in SMS. Eine korpusbasierte Untersuchung des Schweizerdeutschen. Berlin/New York: de Gruyter.

484. FRICK, Karina/GAZIN, Anne-Danièle/MEISNER, Charlotte (2015): Präpositionale Ellipsen im Schweizer SMS-Korpus – kontrastiv: Schweizerdeutsch, Französisch und Italienisch. In: Revue Tranel 63, 107–125.

485. FRICK, Karina/RAUCH, Prisca (2014): Schweizer SMS in Forschung und Unterricht. In: Verein Schweizerischer Deutschlehrerinnen und Deutschlehrer (Hg.): Shriebe und Schwetze im Dialekt. Die Sprachsituation in der heutigen Deutschschweiz, 35–44 (= Deutschblätter 66).

486. GESER, Hans (2005): Towards a Sociological Theory of Mobile Phone. In: Zerdick, Axel/Picot, Arnold/Schrape, Klaus/Burgleman, Jean-Claude/Silverstone, Roger/Feldmann, Valerie/Wernick, Christian/Wolff, Carolin (eds.): E-Merging Media: Communication and the Media Economy of the Future. Berlin [u. a.]: Springer, 235–260.

487. GLOTZ, Peter/BERTSCHI, Stefan/LOCKE, Chris (eds.) (2005): Thumb Culture. The Meaning of Mobile Phones for Society. Bielefeld: transcript.

488. GÜNTHNER, Susanne (2011): Zur Dialogizität von SMS-Nachrichten – eine interaktionale Perspektive auf die SMS-Kommunikation. In: Networx 60.
https://www.mediensprache.net/de/networx/docs/networx-60.aspx

489.   GÜNTHNER, Susanne (2012): „Lupf meinen Slumpf" – die interaktive Organisation von SMS-Dialogen. In: Meier, Christian/Ayaß, Ruth (Hg.): Sozialität in Slow Motion. Theoretische und empirische Perspektiven. Wiesbaden: Springer, 353–374

490.   GÜNTHNER, Susanne (2014): Die interaktive Gestaltung von SMS-Mitteilungen – Aspekte der interaktionalen Matrix chinesischer und deutscher SMS-Dialoge. In: Mathias, Alexa/Runkehl, Jens/Siever, Torsten (Hg.): Sprachen? Vielfalt! Sprache und Kommunikation in der Gesellschaft und in den Medien. Eine Online-Festschrift zum Jubiläum für Peter Schlobinski (= Networx 64), 149–181.

491.   HÅRD AF SEGERSTAD, Ylva (2005): Language use in Swedish mobile text messaging. In: Ling, Rich/Pedersen, Per E. (eds.): Mobile communications. Re-negotiation of the Social Sphere. London: Springer, 313–333.

492.   HAUPTSTOCK, Amelie/KÖNIG, Katharina/ZHU, Qiang (2010): Kontrastive Analyse chinesischer und deutscher SMS-Kommunikation – ein interaktionaler und gattungstheoretischer Ansatz. In: Networx 58. http://www.mediensprache.net/de/networx/networx-58.aspx

493.   HUBER, Judith/SCHWARZ, Christian (2017): SMS-Kommunikation im mehrsprachigen Raum. Schriftsprachliche Variation deutschsprachiger SMS-Nutzer/-innen in Südtirol. In: Networx 76. https://www.mediensprache.net/networx/networx-76.pdf

494.   HUMPHREYS, Lee (2005): Cellphones in public: social interactions in a wireless era. In: New Media & Society 7, 6, 810–833.

495.   IMO, Wolfgang (2015): Vom Happen zum Häppchen … Die Präferenz für inkrementelle Äußerungsproduktion in internetbasierten Messengerdiensten. In: Networx 69. https://www.mediensprache.net/networx/networx-69.pdf

496.   KIM, Sarah/WALL, Christine/WARDENGA, Kristina (2014): Sequenzielle Muster und Frageformate im Kontext von SMS-Verabredungen. In: König, Katharina/Bahlo, Nils (Hg.): SMS, WhatsApp & Co.: Gattungsanalytische, kontrastive und variationslinguistische Perspektiven zur Analyse mobiler Kommunikation (= Wissenschaftliche Schriften der WWU Münster, Reihe XII, 12). Münster: Monsenstein und Vannerdat, 59–80.

497.   KÖNIG, Katharina (2015): „Muss leider absagen. Muss noch nen referat fertig machen." – Zur Dialogizität von Absagen und Verabredungsablehnungen in der SMS-Kommunikation. In: Linguistik Online 70, 1. https://bop.unibe.ch/linguistik-online/article/view/1747/2966

498.   KÖNIG, Katharina (2015): Dialogkonstitution und Sequenzmuster in der SMS- und WhatsApp-Kommunikation. In: Travaux neuchâtelois de linguistique 63, 87–107.

499.   KÖNIG, Katharina/BAHLO, Nils (Hg.) (2014): SMS, WhatsApp & Co. Gattungsanalytische. Kontrastive und variationslinguistische Perspektiven zur Analyse mobiler Kommunikation. Münster: Monsenstein & Vannerdat.

500. KÖNIG, Katharina/HECTOR, Tim Moritz (2017): Zur Theatralität von WhatsApp-Sprachnachrichten. Nutzungskontexte von Audio-Postings in der mobilen Messenger-Kommunikation. In: Networx 79.
      https://www.mediensprache.net/de/networx/networx-79.aspx

501. KÖNIG, Katharina/HAUPTSTOCK, Amelie/ZHU, Qiang (2010): Kontrastive Analyse chinesischer und deutscher SMS-Kommunikation – ein interaktionaler und gattungstheoretischer Ansatz. In: Networx 58.
      http://www.mediensprache.net/de/networx/networx-58.aspx

502. KRAUSE, Melanie/SCHWITTERS, Daniela (2002): SMS-Kommunikation – Inhaltsanalyse eines kommunikativen Mediums. In: Networx 27.
      https://www.mediensprache.net/networx/networx-27.pdf

503. LING, Rich (2005): The sociolinguistics of SMS: An analysis of SMS use by a random sample of Norwegians. In: Ling, Rich/Pedersen, Per E. (eds.): Mobile Communications: Re-negotiation of the Social Sphere. London: Springer, 335–349.

504. MARCOCCIA, Michel/ATIFI, Hassan/GAUDUCHEAU, Nadia (2008): Text-centered versus multimodal analysis of Instant Messaging conversation. In: language@Internet 5, 7.
      http://www.languageatinternet.org/articles/2008/1621/marcoccia.pdf

505. MEILI, Aline (2017): Schriftliche Alltagskommunikation gehörloser Personen in der Deutschschweiz. Eine qualitative Korpusanalyse von WhatsApp-Nachrichten. In: Networx 75.
      https://www.mediensprache.net/networx/networx-75.pdf

506. MOREL, Etienne/BUCHER, Claudia/PEKAREK-DOEHLER, Simone/SIEBENHAAR, Beat (2012): SMS communication as plurilingual communication: Hybrid language use as a for classical code-switching categories. In: Lingvisticæ Investigationes 35, 2, 260–288.

507. PETITJEAN, Cécile/MOREL, Etienne (2017): "Hahaha": Laughter as a resource to manage WhatsApp conversations. In: Journal of Pragmatics 110, 1–19.

508. SCHLOBINSKI, Peter/FORTMANN, Nadine/GROSS, Olivia/HOGG, Florian/HORSTMANN, Frauke/THEEL, Rena (2001): Simsen. Eine Pilotstudie zu sprachlichen und kommunikativen Aspekten in der SMS-Kommunikation. In: Networx 22.
      http://www.mediensprache.net/de/networx/networx-22.aspx

509. SCHLOBINSKI, Peter/WATANABE, Manabu (2003): SMS-Kommunikation – Deutsch/Japanisch kontrastiv. Eine explorative Studie. In: Networx 31.
      http://www.mediensprache.net/de/networx/networx-31.aspx

510. SCHMIDT, Gurly (2006): Sprachliche Variation in der SMS-Kommunikation. In: Schlobinski, Peter (Hg.): Von „hdl" bis „cul8tr". Sprache und Kommunikation in den Neuen Medien (= Thema Deutsch 7). Mannheim: Duden, 317–333.

511. SIEBENHAAR, Beat (2015): WhatsApp und Probleme der Datenerhebung und -analyse. Vortrag auf dem IV. Workshop zur linguistischen Inter-

netforschung „Internetlinguistik und Korpusanalyse", Hannover, 1. Mai 2015.

512.   SIEBENHAAR, Beat (2015): What's up Deutschland? WhatsApp-Daten-sammlung, Datenbasis und erste Analysen. Vortrag auf der 3. GAL-Sek-tionentagung, Frankfurt (Oder), 24. September 2015.

513.   STÄHLI, Adrian/DÜRSCHEID, Christa/BÉGUELIN, Marie-José (2011): sms4science: Korpusdaten, Literaturüberblick und Forschungsfragen. In: Linguistik Online 48, 4.
https://bop.unibe.ch/linguistik-online/article/view/330/493

514.   THURLOW, Crispin/POFF, Michele (2013): Text Messaging. In: Herring, Susan/Stein, Dieter/Virtanen, Tuija (eds.): Pragmatics of Computer-Mediated Communication. Berlin/Boston: de Gruyter, 163–189.

515.   WEBER, Kathrin/SCHÜRMANN, Timo (2014): Funktionen unterschied-licher Codes in niederdeutscher SMS-Kommunikation von L1-Spre-chern. In: König, Katharina/Bahlo, Nils (Hg.): SMS, WhatsApp & Co. Gattungsanalytische. Kontrastive und variationslinguistische Perspek-tiven zur Analyse mobiler Kommunikation. Münster: Monsenstein und Vannerdat, 193–218.

516.   WIECZOREK, Marianne (2014): SMS-Kommunikation von Männern und Frauen am Beispiel von Begrüßungs- und Verabschiedungsformeln – Zur (Ir-)Relevanz des Zusammenhangs von Sprache und Geschlecht. In: König, Katharina/Bahlo, Nils (Hg.): SMS, WhatsApp & Co. Gat-tungsanalytische. Kontrastive und variationslinguistische Perspektiven zur Analyse mobiler Kommunikation. Münster: Monsenstein und Van-nerdat, 173–192.

517.   WURTH, Theodor (2017): Textphänomen »Procap-Text« – Untersuchun-gen zu einer neuen internetbasierten Textsorte in Userprofilen am Bei-spiel der WhatsApp Info. In: Networx 78.
https://www.mediensprache.net/networx/networx-78.pdf

518.   WYSS, Eva Lia/HUG, Barbara (2016): WhatsApp-Chats. Neue Formen der Turnkoordination bei räumlich-visueller Begrenzung. In: Spiegel, Carmen/Gysin, Daniel (Hg.): Jugendsprache in Schule, Medien und Alltag. Frankfurt/Main: Lang, 259–274.

519.   YUS, Francisco (2017): Contextual constraints and non-propositional effects in WhatsApp communication. In: Journal of Pragmatics 114, 66–86.

5.6   Social Media: Facebook und Co.

520.   ANASTASIADIS, Mario/THIMM, Caja (Hg.) (2011): Social Media. Theorie und Praxis digitaler Sozialität. Frankfurt/Main [u. a.]: Lang, 9–19.

521.   ANDROUTSOPOULOS, Jannis (2014): Moments of sharing: Entextualizati-on and linguistic repertoires in social networking. In: Journal of Prag-matics 73, 4–18.

522. ASTHEIMER, Jörg/NEUMANN-BRAUN, Klaus/SCHMIDT, Axel (2011): My-Face: Die Portraitfotografie im Social Web. In: Neumann-Braun, Klaus/ Autenrieth, Ulla Patricia (Hg.): Freundschaft und Gemeinschaft im Social Web: bildbezogenes Handeln und Peergroup-Kommunikation auf Facebook & Co. Baden-Baden: Nomos, 79–122.

523. BEDNAREK, Monika (2017): Fandom. In: Hoffmann, Christian R./ Bublitz, Wolfram (eds.): Pragmatics of social media. Berlin/Boston: de Gruyter, 545–574.

524. BERGS, Alexander (2006): Analyzing online communication from a social network point of view. In: Language@Internet 3, 3. http://www.languageatinternet.org/articles/2006/371/Analyzing_online_communication.pdf

525. BIEBER, Christoph/EIFERT, Martin/GROSS, Thomas/LAMLA, Jörn (Hg.) (2009): Soziale Netzwerke in der digitalen Welt. Das Internet zwischen egalitärer Teilhabe und ökonomischer Macht. Frankfurt/Main: Campus.

526. BOU-FRANCH, Patricia/BLITVICH, Pilar Garcés-Conejos (2014): The pragmatics of textual participation in the social media. In: Journal of Pragmatics 73, 1–3.

527. BURGESS, Jean/MATAMOROS-FERNÁNDEZ, Ariadna (2016): Mapping sociocultural controversies across digital media platforms: one week of #gamergate on Twitter, YouTube, and Tumblr. In: Communication Research and Practice 2, 1, 79–96.

528. CARR, Caleb T./SCHROCK, David B./DAUTERMAN, Patricia R. (2012): Speech acts within social network sites' status messages. In: Journal of Language and Social Psychology 31, 176–196.

529. COSTANZA, Christina/ERNST, Christina (Hg.) (2012): Personen im Web 2.0. Kommunikationswissenschaftliche, ethische und anthropologische Zugänge zu einer Theologie der Social Media. Göttingen: Edition Ruprecht.

530. DETERDING, Sebastian (2009): Virtual Communities. In: Hitzler, Ronald/ Honer, Anne/Pfadenhauer, Michaela (Hg.): Posttraditionale Gemeinschaften. Theoretische und ethnografische Erkundungen. Wiesbaden: VS Verlag für Sozialwissenschaften, 115–131.

531. DYNEL, Marta (2017): Participation as audience design. In: Hoffmann, Christian R./Bublitz, Wolfram (eds.): Pragmatics of social media. Berlin/Boston: de Gruyter, 61–82.

532. EBERSBACH, Anja/GLASER, Markus/HEIGL, Richard (2016): Social Web. 3., überarbeitete Auflage (= Medien- und Kommunikationswissenschaft, Soziologie, Pädagogik 3065). Konstanz/München: UVK.

533. EISENLAUER, Volker (2013): A Critical Hypertext Analysis of Social Media: The True Colours of Facebook. London [u. a.]: Bloomsbury Academic.

534. EISENLAUER, Volker (2014): Facebook as a third author – (Semi-)automated participation framework in Social Network Sites. In: Journal of Pragmatics 72, 73–85.

535. EISENLAUER, Volker (2017): Social network sites. In: Hoffmann, Christian R./Bublitz, Wolfram (eds.): Pragmatics of social media. Berlin/Boston: de Gruyter, 225–244.

536. ELLISON, Nicole/BOYD, Danah (2013): Sociality Through Social Network Sites. In: Dutton, William H. (ed.): The Oxford Handbook of Internet Studies. Oxford: Oxford University Press, 151–172.

537. ELLWEIN, Carsten/NOLLER, Benedikt (2015): Social Media Mining – Impact of the Business Model and Privacy Settings. In: SIdEWayS '15 Proceedings of the 1st ACM Workshop on Social Media World Sensors. New York: ACM, 3–8.

538. FRANK-JOB, Barbara/MEHLER, Alexander/SUTTER, Tilmann (Hg.) (2013): Die Dynamik sozialer und sprachlicher Netzwerke. Konzepte, Methoden und empirische Untersuchungen an Beispielen des WWW. Wiesbaden: Springer.

539. HILL, Alison L./RAND, David G./NOWAK, Martin A./CHRISTAKIS, Nicholas A. (2010): Emotions as infectious diseases in a large social network: the SISa model. In: Proceedings of the Royal Society B 277, 1701, 3827–3835. DOI: 10.1098/rspb.2010.1217

540. HOFFMANN, Christian R. (2017): Log in: Introducing the pragmatics of social media. In: Hoffmann, Christian R./Bublitz, Wolfram (eds.): Pragmatics of social media. Berlin/Boston: de Gruyter, 1–30.

541. HUBER, Melanie (2013): Kommunikation und Social Media. Konstanz: UVK.

542. KOK, Saskia/ROGERS, Richard (2016): Rethinking migration in the digital age: transglocalization and the Somali diaspora. In: Global Networks 17, 1, 23–46.

543. LANDERT, Daniela (2017): Participation as user involvement. In: Hoffmann, Christian R./Bublitz, Wolfram (eds.): Pragmatics of social media. Berlin/Boston: de Gruyter, 31–60.

544. MAIZ-ARÉVALO, Carmen (2017): Getting „liked". In: Hoffmann, Christian R./Bublitz, Wolfram (eds.): Pragmatics of social media. Berlin/Boston: de Gruyter, 575–606.

545. PAGE, Ruth/BARTON, David/UNGER, Johann W./ZAPPAVIGNA, Michele (2014): Researching language and social media: A student guide. London: Routledge.

546. RIEDER, Bernhard (2013): Studying Facebook via data extraction: the Netvizz application. In: Proceedings of the 5th Annual ACM Web Science Conference. New York: ACM, 346–355.

547. SCHMIDT, Jan (2008): Was ist neu am Social Web? Soziologische und kommunikationswissenschaftliche Grundlagen. In: Zerfaß, Ansgar/Welker, Martin/Schmidt, Jan (Hg.): Kommunikation, Partizipation und Wirkungen im Social Web. Band 1: Grundlagen und Methoden – Von der Gesellschaft zum Individuum. Köln: von Halem, 18–40.

548.   SCHWENCKE, Nena (2012): Wissen sie, was sie tun? – Analyse des Sprach-
        verhaltens und der Nutzungskompetenz auf SchülerVZ. In: Networx 62.
        https://www.mediensprache.net/networx/networx-62.pdf

549.   SEARGEANT, Philip/TAGG, Caroline (2014): Introduction: The language
        of social media. In: Seargeant, Philip/Tagg, Caroline (eds.): The Lan-
        guage of Social Media. Identity and Community on the Internet. Hamps-
        hire: Palgrave Macmillan, 1–20.

550.   STORRER, Angelika (2013): Sprachstil und Sprachvariation in sozialen
        Netzwerken. In: Frank-Job, Barbara/Mehler, Alexander/Sutter, Til-
        mann (Hg.): Die Dynamik sozialer und sprachlicher Netzwerke. Kon-
        zepte, Methoden und empirische Untersuchungen an Beispielen des
        WWW. Wiesbaden: Springer, 331–366.

551.   TUOR, Nadine (2009): Online-Netzwerke. Eine kommunikationstheo-
        retische, sozialpsychologische und soziolinguistische Analyse. In: Net-
        worx 55.
        https://www.mediensprache.net/networx/networx-55.pdf

Facebook

552.   ACQUISTI, Alessandro/GROSS, Ralph (2006): Imagined communities:
        Awareness, information sharing, and privacy on the Facebook. In: Dane-
        zis, George/Golle, Philippe (eds.): Proceedings of the 6th International
        Workshop on Privacy Enhancing Technologies. Berlin: Springer, 36–58.

553.   BAZAROVA, Natalya N./TAFT, Jessie G./CHOI, Yoon Hyung/COSELY, Dan
        (2013): Managing Impressions and Relationships on Facebook Self-Pre-
        sentational and Relational Concerns Revealed Through the Analysis of
        Language Style. In: Journal of Language and Social Psychology 32, 2,
        121–141.

554.   BAZAROVA, Natalya N. (2012): Public intimacy: Disclosure interpretati-
        on and social judgments on Facebook. In: Journal of Communication
        62, 815–832.

555.   BOYD, Danah (2008): Facebook's Privacy Trainwreck: Exposure, Inva-
        sion, and Social Convergence. In: Convergence 14, 1.
        http://www.danah.org/papers/FacebookPrivacyTrainwreck.pdf

556.   BRÜGGER, Niels (2015): A brief history of Facebook as a media text: The
        development of an empty structure. In: First Monday 20, 5.
        http://firstmonday.org/ojs/index.php/fm/article/view/5423/4466

557.   EISENLAUER, Volker (2014): Facebook as a third author—(Semi-)auto-
        mated participation framework in Social Network Sites. In: Journal of
        Pragmatics 72, 73–85.

558.   EISENLAUER, Volker (2016): Facebook als multimodaler digitaler Ge-
        samttext. In: Klug, Nina-Maria/Stöckl, Hartmut (Hg.): Handbuch Spra-
        che im multimodalen Kontext. Berlin/Boston: de Gruyter, 437–454.

559. ELLISON, Nicole B./STEINFIELD, Charles/LAMPE, Cliff (2007): The benefits of Facebook "friends": Social capital and college students' use of online social network sites. In: Journal of Computer-Mediated Communication 12, 1143–1168.

560. ELLISON, Nicole B./STEINFIELD, Charles/LAMPE, Cliff (2011): Connection strategies: Social capital implications of Facebook-enabled communication practices. In: New Media & Society, 13, 873–892.

561. MARX, Konstanze (2018): „Gefällt mir" – Eine Facebookformel goes kognitiv. Hypothesen zur (Null)-Anaphern-Resolution innerhalb eines multimodalen Kommunikats. In: Marx, Konstanze/Meier, Simon (Hg.): Sprachliches Handeln und Kognition. Theoretische Grundlagen und empirische Analysen (= Linguistik – Impulse & Tendenzen). Berlin/Boston: de Gruyter, 113–132.

562. ORLITSCH, Nina (2013): Ich share mi. Sprachlich-kommunikative Aspekte deutschsprachiger Facebook Status Updates aus linguistischer Sicht. Saarbrücken: AV Akademikerverlag.

563. PÉREZ-SABATER, Carmen (2012): The Linguistics of Social Networking: A Study of Writing Conventions on Facebook. In: Linguistik Online, 56, 6. https://www.linguistik-online.net/56_12/perez-sabater.pdf

564. SOPHOCLEOUS, Andry/THEMISTOCLEOUS, Christiana (2014): Projecting social and discursive identities through code-switching on Facebook: The case of Greek Cypriots. In: Language@Internet 11, 5. http://www.languageatinternet.org/articles/2014/sophocleous

565. STARK, Birgit/MAGIN, Melanie/JÜRGENS, Pascal (2017): Ganz meine Meinung? Informationsintermediäre und Meinungsbildung – Eine Mehrmethodenstudie am Beispiel von Facebook. Düsseldorf: Landesanstalt für Medien Nordrhein-Westfalen.

566. VASILJEVIĆ, Anja (2016): Jugendsprache und Facebook – Youth language and Facebook. In: Spiegel, Carmen/Gysin, Daniel (Hg.): Jugendsprache in Schule, Medien und Alltag. Frankfurt/Main: Lang, 327–336.

Twitter

567. ANDROUTSOPOULOS, Jannis/WEIDENHÖFFNER, Jessica (2015): Zuschauer-Engagement auf Twitter: Handlungskategorien der rezeptionsbegleitenden Kommunikation am Beispiel von #tatort. In: Zeitschrift für Angewandte Linguistik 62, 1, 23–59.

568. BARTLETT, Jaimie/NORRIE, Richard/PATEL, Sofia/RUMPEL, Rebekka/WIBBERLEY, Simon (2014): Misogny on Twitter. Centre for Analysis of Social media. https://demosuk.wpengine.com/files/MISOGYNY_ON_TWITTER.pdf?1399567516

569. BUCHER, Hans-Jürgen (2019): Politische Meinungsbildung in sozialen Medien? Interaktionsstrukturen in derTwitter-Kommunikation. In: Marx, Konstanze/Schmidt, Axel (Hg.): Interaktion und Medien. Interaktionsanalytische Zugänge zu medienvermittelter Kommunikation. Heidelberg: Winter, 287–318.

570. COESMANS, Roel/DE COCK, Barbara (2017): Self-reference by politicians on Twitter: Strategies to adapt to 140 characters. In: Journal of Pragmatics 116, 37–50.

571. DANG-ANH, Mark/EINSPÄNNER, Jessica/THIMM, Caja (2013): Mediatisierung und Medialität in Social Media: Das Diskurssystem »Twitter«. In: Marx, Konstanze/Schwarz-Friesel, Monika (Hg.): Sprache und Kommunikation im technischen Zeitalter. Wieviel Internet (v)erträgt unsere Gesellschaft? Berlin/New York: de Gruyter, 68–91.

572. DEGEN, Vanessa (2015): Keep it conversational. Unternehmenskommunikation auf Twitter. In: Networx 67.
https://www.mediensprache.net/networx/networx-67.pdf

573. DEMUTH, Greta/SCHULZ, Elena Katharina (2010): Wie wird auf Twitter kommuniziert? Eine textlinguistische Untersuchung. In: Networx 56.
https://www.mediensprache.net/networx/networx-56.pdf

574. GILLESPIE, Tarleton (2010): The Politics of ‚Platforms‘. In: New Media & Society 12, 3, 347–364.

575. HADGU, Asmelash/LOTZE, Netaya/JÄSCHKE, Robert (2016): Telling English Tweets Apart: the Case of US, GB, AU. In: Proceedings of the Workshop on Natural Language Processing and Computational Social Science 2016.
https://pdfs.semanticscholar.org/a32a/c2ccf296e0adff3efl15298e4693b8d59ac4.pdf

576. HARDAKER, Claire/MCGLASHAN, Mark (2016): "Real men don't hate women": Twitter rape threats and group identity. In: Journal of Pragmatics 91, 80–93.

577. KRASODOMSKI-JONES, Alex/DALE, Alex J. (2016): The use of misogynistic terms on Twitter. Centre for the Analysis of Social Media.
https://www.demos.co.uk/wp-content/uploads/2016/05/Misogyny-online.pdf

578. KERSTEN, Saskia/LOTZE, Netaya (2013): Englisch. In: Siever, Torsten/Schlobinski, Peter (Hg.): Micro-Blogs global: Eine internationale Studie zu Twitter & Co. aus der Perspektive von elf Sprachen und Ländern. Frankfurt/Main: Lang, 75–112.

579. KERSTEN, Saskia/LOTZE, Netaya (2015): Subtile Twifferenzen: Genderaspekte in der Twitternutzung. In: Bohle, Ulrike/Brusberg-Kiermeier, Stefani (Hg.): Gender in Sprache, Literatur, Medien und Design. Münster: Lit-Verlag, 321–348.

580. KRIEG, Henning (2010): Twitter und Recht. In: Kommunikation & Recht 2, 1, 73–76.

581. MITCHELL, Amy/HITLIN, Paul (2013): Twitter Reaction to Events Often at Odds with Overall Public Opinion.
https://www.pewresearch.org/2013/03/04/twitter-reaction-to-events-often-at-odds-with-overall-public-opinion/

582. MORALDO, Sandro M. (2009): Twitter: Kommunikationsplattform zwischen Nachrichtendienst, Small Talk und SMS. In: Moraldo, Sandro M. (Hg.): Internet.kom. Neue Sprach- und Kommunikationsformen im

WorldWideWeb. Band 1: Kommunikationsplattformen. Rom: Aracne, 245–281.

583. MORALDO, Sandro M. (2011): Web 2.0 und die deutsche Sprache. Kommunikative und sprachliche Aspekte der Microblogging-Plattform Twitter. In: Moraldo, Sandro M. (Hg.): Deutsch aktuell. Einführung in die Tendenzen der deutschen Gegenwartssprache. Rom: Aracne, 250–266.

584. MORALDO, Sandro M. (2012): „Obwohl … Korrektur: Polizei HAT Gebäude im coolen Duisburger Innenhafen". Die Kommunikationsplattform Twitter an der Schnittstelle zwischen Sprechsprachlichkeit und medial bedingter Schriftlichkeit. In: Günther, Susanne/Imo, Wolfgang/ Meer, Dorothe/Schneider, Jan Georg (Hg.): Kommunikation und Öffentlichkeit. Sprachwissenschaftliche Potentiale zwischen Empirie und Norm (= Reihe Germanistische Linguistik 296). Berlin: de Gruyter, 179–204.

585. MORSTATTER, Fred/KUMAR, Shamant/LIU, Huan/MACIEJEWSKI, Ross (2013): Understanding Twitter data with TweetXplorer. In: Proceedings of the 19th ACM SIGKDD International Conference on Knowledge Discovery and Data Mining – KDD'13. New York: ACM, 1482–1485.

586. MÜLLER, Marcus/STEGMEIER, Jörn (2016): Twittern als #Alltagspraxis des Kunstpublikums. In: Zeitschrift für Literaturwissenschaft und Linguistik (LiLi) 4, 16, 499–522.

587. OVERBECK, Anja (2014): Twitterdämmerung: ein textlinguistischer Klassifikationsversuch. In: Rentel, Nadine/Reutner, Ursula/Schröpf, Ramona (Hg.): Von der Zeitung zur Twitterdämmerung. Medientextsorten und neue Kommunikationsformen im deutsch-französischen Vergleich (= Medienwissenschaft 3). Berlin/Münster: LIT, 207–228.

588. PAGE, Ruth (2014): Saying 'sorry': Corporate apologies posted on Twitter. In: Journal of Pragmatics 62, 30–45.

589. QIU, Lin/LIN, Han/RAMSAY, Jonathan/YANG, Fang (2012): You are what you tweet: Personality expression and perception on Twitter. In: Journal of Research in Personality 46, 710–718.

590. RIEDER, Bernard (2012): The refraction chamber: Twitter as sphere and network. In: FirstMonday 17, 11.
      http://firstmonday.org/ojs/index.php/fm/article/view/4199

591. SCHEFFLER, Tatjana (2014): A German Twitter Snapshot. In: Proceedings of LREC, Reykjavik, Iceland 2014, 2284–2289.
      http://www.lrec-conf.org/proceedings/lrec2014/pdf/1146_Paper.pdf

592. SCHEFFLER, Tatjana/KYBA, Christopher (2016): Measuring Social Jetlag in Twitter Data. In: Proceedings of the Tenth International AAAI Conference on Web and Social Media (ICWSM 2016), AAAI, Köln. Palo Alto: The AAAI Press, 675–678.

593. SCOTT, Kate (2015): The pragmatics of hashtags: Inference and conversational style on Twitter. In: Journal of Pragmatics 81, 8–20.

594. SIEVER, Torsten (2012): Zwischen Blog und SMS: Das Microblog Twitter.com aus sprachlich-kommunikativer Perspektive. In: Siever, Torsten/Schlobinski, Peter (Hg.): Entwicklungen im Web 2.0. Ergebnisse des III. Workshops zur linguistischen Internetforschung. Frankfurt/Main [u. a.]: Lang, 73–96.

595. SIEVER, Torsten/SCHLOBINSKI, Peter (Hg.) (2013): Microblogs global. Eine internationale Studie zu Twitter & Co. aus der Perspektive von zehn Sprachen und Ländern. Frankfurt/Main [u. a.]: Lang.

596. SIFIANOU, Maria (2015): Conceptualizing politeness in Greek: Evidence from Twitter corpora. In: Journal of Pragmatics 86, 25–30.

597. SQUIRES, Lauren/IORIO, Josh (2014): Tweets in the news. Legitimizing medium, standardizing form. In: Androutsopoulos, Jannis (ed.): Mediatization and sociolinguistic change. Berlin/New York: de Gruyter, 331–360.

598. ZAPPAVIGNA, Michele (2012): Discourse of Twitter and social Media. How we use language to create affiliation on the web. London: Bloomsbury.

599. ZAPPAVIGNA, Michele (2017): Twitter. In: Hoffmann, Christian R./Bublitz, Wolfram (eds.): Pragmatics of social media. Berlin/Boston: de Gruyter, 201–224.

YouTube

600. ADAMI, Elisabetta (2009): 'We/ YouTube': exploring sign-making in video-interaction. In: Visual Communication 8, 4, 379–399.

601. ADAMI, Elisabetta (2009): Do YouTube? When Communication Turns into Video e-nteraction. In: Toretta, Domenico/Dossena, Marina/Sportelli, Annamaria (eds.): Migration of Forms, Forms of Migration. Proceedings of the 23rd AIA Conference. Bari: Progedit, 371–386.

602. ADAMI, Elisabetta (2015): What I can (re) make out of it. In: Participation in Public and Social Media Interactions 256, 233–257.

603. AL-HARTHI, Tahir/HARDIE, Andrew/MCENERY, Tony (2015): A corpus-based analysis of the discursive construction of gender identities via abusive language. Dissertation: Lancaster University.

604. ANDROUTSOPOULOS, Jannis (2012): Intermediale Varietätendynamik: Ein explorativer Blick auf die Inszenierung und Aushandlung von ‚Dialekt‘ auf YouTube. In: Sociolinguistica 26, 87–101.

605. BENSON, Phil (2016): The discourse of Youtube: multimodal text in a global context. Florence: Taylor and Francis.

606. BIEL, Joan-Isaac/ARAN, Oya/GATICA-PEREZ. Daniel (2011): You Are Known by How You Vlog: Personality Impressions and Nonverbal Behavior in YouTube. In: Proceedings of the AAAI International Conference on Weblogs and Social Media (ICWSM), Barcelona. Menlo Park, California: AAAI Press, 446–449.
https://www.aaai.org/ocs/index.php/ICWSM/ICWSM11/paper/view/2796/3220

607.   BOU-FRANCH, Patricia/LORENZO-DUS, Nuria/BLITVICH, Pilar GARCÉS-CO-
       NEJOS (2012): Social Interaction in YouTube Text-Based Polylogues: A
       Study of Coherence. In: Journal of Computer-Mediated Communicati-
       on 17, 4, 501–521.

608.   BOU-FRANCH, Patricia/BLITVICH, Pilar Garcés-Conejos (2014): Conflict
       management in massive polylogues: A case study from YouTube. In:
       Journal of Pragmatics 73, 19–36.

609.   BOYD, Michael S. (2014): (New) participatory framework on YouTube?
       Commenter interaction in US political speeches. In: Journal of Prag-
       matics 72, 46–58.

610.   CHAU, Clement (2010): YouTube as a Participatory Culture. In: New Di-
       rections for Youth Development 128, 65–74.

611.   DEMARMELS, Sascha (2010): FanVids auf YouTube. Metamorphosen als
       kulturelle Praktik. In: Stöckl, Hartmut (Hg.): Mediale Transkodierun-
       gen. Metamorphosen zwischen Sprache, Bild und Ton. Heidelberg:
       Winter, 253–266.

612.   DYNEL, Marta (2014): Participation framework underlying YouTube in-
       teraction. In: Journal of Pragmatics 73, 37–52.

613.   FROBENIUS, Maximiliane (2013): Pointing gestures in video blogs. In:
       Text & Talk 33, 1, 1–23.

614.   FROBENIUS, Maximiliane (2014): The pragmatics of monologue: inter-
       action in video blogs. Dissertation, Universität des Saarlandes.
       http://scidok.sulb.uni-saarland.de/volltexte/2014/5895/

615.   FROBENIUS, Maximiliane (2014): Audience design in monologues: How
       vloggers involve their viewers. In: Journal of Pragmatics 72, 59–72.

616.   HU, Mu/MINGLI, Zhang/WANG, Yu (2017): Why do audiences choose to
       keep watching on live video streaming platforms? An explanantion of dual
       identification framework. In: Computers in Human Behavior 75, 594–606.

617.   IVKOVIĆ, Dejan (2013): The Eurovision Song Contest on YouTube: A cor-
       pus-based analysis of language attitudes. Language@Internet 10, 1.
       http://www.languageatinternet.org/articles/2013/Ivkovic

618.   JOHANSSON, Marjut (2017): YouTube. In: Hoffmann, Christian R./
       Bublitz, Wolfram (eds.): Pragmatics of social media. Berlin/Boston: de
       Gruyter, 173–200.

619.   KHAN, Laeeq M. (2016): Social media engagement: What motivates
       user participation and consumption on YouTube? In: Computers in
       Human Behavior 66, 236–247.

620.   LANGE, Patricia G. (2014): Commenting on YouTube rants: Perceptions
       of inappropriateness or civic engagement? In: Journal of Pragmatics
       73, 53–65.

621.   LICOPPE, Christian (2017): Showing objects in Skype video-mediated
       conversations: From showing gestures to showing sequences. In: Jour-
       nal of Pragmatics 110, 63–82.

622. LICOPPE, Christian/MOREL, Julien (2012): Video-in-Interaction: "Talking Heads" and the Multimodal Organization of Mobile and Skype Video Calls. In: Research on Language & Social Interaction 45, 4, 399–429.

623. MADDEN, Amy/RUTHVEN, Ian/MCMENEMY, David (2013): A classification scheme for content analyses of YouTube video comments. In: Journal of documentation 69, 5, 693–714.

624. MARX, Konstanze/SCHMIDT, Axel (2019): Making Let's Plays watchable: Praktiken des stellvertretenden Erlebbar- Machens von Interaktivität in vorgeführten Videospielen. In: Marx, Konstanze/Schmidt, Axel (Hg.): Interaktion und Medien. Interaktionsanalytische Zugänge zu medienvermittelter Kommunikation. Heidelberg: Winter, 319–352.

625. PIHLAJA, Stephen (2011): Cops, popes, and garbage collectors: Metaphor and antagonism in an atheist/Christian YouTube video thread. In: Language@Internet 8, 1.
      http://www.languageatinternet.org/articles/2011/Pihlaja/pihlaja.pdf

626. ROTMAN, Dana/GOLBECK, Jennifer/PREECE, Jennifer (2009): The community is where the rapport is--on sense and structure in the YouTube community. In: Proceedings of the fourth international conference on Communities and technologies. New York: ACM, 41–50.

627. SHIFMAN, Limor (2011): An Anatomy of a YouTube Meme. In: New Media & Society 14, 2.

628. TEREICK, Jana (2016): Klimawandel im Diskurs: multimodale Diskursanalyse crossmedialer Korpora. Berlin/Boston: de Gruyter.

629. ZHANG, Wie/KRAMARAE, Cheris (2014): "SlutWalk" on connected screens: Multiple framings of a social media discussion. In: Journal of Pragmatics 73, 66–81.

630. ZWEIG, Laura/LIU, Can/HIRAGA, Misato/REED, Amanda/CZERNIAKOWSKI, Michael/DICKINSON, Markus/KÜBLER, Sandra (2017): FunTube: Annotating Funniness in YouTube Comments. In: Proceedings of the Workshop on Corpora in the Digital Humanities (CDH 2017), 48–57.
      http://ceur-ws.org/Vol-1786/zweig.pdf

5.7 Wikipedia

631. ADAFRE, Sisay Fissaha/DE RIJKE, Maarten (2006): Finding similar sentences across multiple languages in Wikipedia. In: Proceedings of the Workshop on NEW TEXT Wikis and blogs and other dynamic text sources.
      https://aclanthology.info/pdf/W/W06/W06-2810.pdf

632. BEISSWENGER, Michael/STORRER, Angelika (2010): Kollaborative Hypertextproduktion mit Wiki-Technologie. Beispiele und Erfahrungen im Bereich Schule und Hochschule. In: Jakobs, Eva-Maria/Lehnen, Katrin/Schindler, Kirsten (Hg.): Schreiben und Medien. Schule, Hochschule, Beruf. Frankfurt/Main [u. a.]: Lang, 13–36.

633. BLUMENSTOCK, Joshua (2008): Size matters: word count as a measure

of quality on wikipedia. In: Proceedings of the 17th international conference on World Wide Web. New York: ACM, 1095–1096.

634.   BRUNS, Axel (2008): Blogs, Wikipedia, Second Life, and beyond: From production to produsage. New York: Lang.

635.   GABRILOVICH, Evgenyi/MARKOVITCH, Shaul (2007): Computing semantic relatedness using wikipedia-based explicit semantic analysis. In: Proceedings of the Seventh International Joint Conference on Artificial Intelligence, 24-28 August 1981. University of British Columbia Vancouver, B.C., Canada: 1606–1611.

636.   GABRILOVICH, Evgenyi/MARKOVITCH, Shaul (2009): Wikipedia-based semantic interpretation for natural language processing. In: Journal of Artificial Intelligence Research 34, 443–498.

637.   GREDEL, Eva (2016): Digitale Diskursanalysen: Kollaborative Konstruktion von Wissensbeständen am Beispiel der Wikipedia. In: In: Jaki, Sylvia/Sabban, Annette (Hg.): Wissensformate in den Medien. Berlin: Frank & Timme, 317–339.

638.   GREDEL, Eva (2017): Fake News in der Online-Enzyklopädie Wikipedia und deren crossmediale Effekte. In: Canibol, Hans-Peter/Dezes, Matthias (Hg.): Fake News – ein Whitepaper. Groß-Gerau: fakten + köpfe Verlagsgesellschaft mbH, 20–24.
       https://www.faktenundkoepfe.de/.../WP-Fake_News-fakten%2Bkoepfe-170315-3.pdf

639.   GREDEL, Eva (2017): Digital discourse analysis and Wikipedia: Bridging the gap between Foucauldian discourse analysis and digital conversation analysis. In: Journal of Pragmatics 115, 99–114.

640.   GREDEL, Eva (2018): Di Alemannischi Wikipedia – Di frei Enzyklopedi, wo alli chöi mitschaffe: Eine text- und variationslinguistische Analyse der alemannischen Sprachversion der Wikipedia. In: Adamzik, Kirsten/Maselko, Mateusz (Hg.): Variationslinguistik trifft Textlinguistik. Tübingen: Narr, 161–182.

641.   IBA, Takashi/NEMOTO, Keiichi/PETERS, Bernd/GLOOR, Peter A. (2010): Analyzing the creative editing behavior of Wikipedia editors: Through dynamic social network analysis. In: Procedia-Social and Behavioral Sciences 2, 4, 6441–6456.

642.   KITTUR, Aniket/SUH, Bongwon/PENDLETON, Bryan A./CHI, Ed H. (2007): He says, she says: conflict and coordination in Wikipedia. In: Proceedings of the SIGCHI conference on Human factors in computing systems. New York: ACM, 453–462.

643.   KITTUR, Aniket/CHI, Ed H./SUH, Bongwon (2009): What's in Wikipedia?: mapping topics and conflict using socially annotated category structure. In: Proceedings of the SIGCHI conference on human factors in computing systems. New York: ACM, 1509–1512.

644.   KRÖTZSCH, Markus/VRANDEČIĆ, Denny/VÖLKEL, Max/HALLER, Heiko/STUDER, Rudi (2007): Semantic wikipedia. In: Web Semantics: Science, Services and Agents on the World Wide Web 5, 4, 251–261.

645.   MASSA, Paolo/SCRINZI, Federico (2013): Manypedia: Comparing Lan-
       guage Points of View of Wikipedia Communities. In: First Monday 18, 1.
       http://firstmonday.org/ojs/index.php/fm/article/view/3939

646.   MEDELYAN, Olena/MILNE, David/LEGG, Catherine/WITTEN, Ian H. (2009):
       Mining meaning from Wikipedia. International Journal of Human-
       Computer Studies 67, 9, 716–754.

647.   MIHALCEA, Rada (2007): Using wikipedia for automatic word sense
       disambiguation. In: Proceedings of the 2016 Conference of the North
       American Chapter of the Association for Computational Linguistics:
       Human Language Technologies. San Diego: The Association for Com-
       putational Linguistics, 196–203.
       http://www.aclweb.org/anthology/N07-1025

648.   MILNE, David (2007): Computing semantic relatedness using wikipedia
       link structure. In: Proceedings of the new zealand computer science re-
       search student conference. 10–18.
       https://pdfs.semanticscholar.org/527d/07992c63ae794737e15f940d83264858289d.pdf

649.   NIEDERER, Sabine/VAN DIJCK, José (2010): Wisdom of the Crowd or
       Technicity of Content? Wikipedia as a Sociotechnical System. In: New
       Media & Society 12, 8, 1368–1387.

650.   PENTZOLD, Christian (2007): Wikipedia. Diskussionsraum und Informa-
       tionsspeicher im neuen Netz. München: Fischer.

651.   PFEIL, Ulrike/ZAPHIRIS, Panayiotis/ANG, Chee Siang (2006): Cultural
       differences in collaborative authoring of Wikipedia. In: Journal of Com-
       puter-Mediated Communication 12, 1, 88–113.
       http://onlinelibrary.wiley.com/doi/10.1111/j.1083-6101.2006.00316.x/full

652.   PONZETTO, Paolo/STRUBE, Michael (2006): Exploiting semantic role
       labeling, WordNet and Wikipedia for coreference resolution. In: Pro-
       ceedings of the main conference on Human Language Technology
       Conference of the North American Chapter of the Association of Com-
       putational Linguistics. Association for Computational Linguistics. New
       York: ACM, 192–199.

653.   POTTHAST, Martin/STEIN, Benno/ANDERKA, Maik (2008): A Wikipedia-
       based multilingual retrieval model. In: Macdonald, Craig/Ounis, Iadh/
       Plachouras, Vassilis/Ruthven, Ian/White, Ryen W. (eds): Advances in
       Information Retrieval. ECIR 2008. Lecture Notes in Computer Science,
       vol 4956. Berlin/Heidelberg: Springer, 522–530.

654.   PSCHEIDA, Daniela (2010): Das Wikipedia-Universum. Wie das Internet
       unsere Wissenskultur verändert. Bielefeld: transcript.

655.   STEGBAUER, Christian (2009): Wikipedia: Das Rätsel der Kooperation.
       Wiesbaden: Springer.

656.   STORRER, Angelika (2012): Neue Text- und Schreibformen im Internet:
       Das Beispiel Wikipedia. In: Feilke, Helmuth/Köster, Juliane/Steinmetz,
       Michael (Hg.): Textkompetenzen in der Sekundarstufe II. Stuttgart:
       Klett, 277–304.

657. STRUBE, Michael/PONZETTO, Simone Paolo (2006): WikiRelate! Computing semantic relatedness using Wikipedia. In: AAAI'06 proceedings of the 21st national conference on Artificial intelligence – Volume 2. Boston: AAAI Press.
http://fileadmin.cs.lth.se/ai/Proceedings/aaai06/12/AAAI06-223.pdf

658. TAN, Bin/PENG, Fuchun (2008): Unsupervised query segmentation using generative language models and wikipedia. In: Proceedings of the 17th international conference on World Wide Web. New York: ACM, 347–356.

659. VIEGAS, Fernanda B./WATTENBERG, Martin/KRISS, Jesse/VAN HAM, Frank (2007): Talk before you type: Coordination in Wikipedia. In: Proceedings of the 40th Hawaii International Conference on System Sciences. Washington: IEEE Computer Society Washington, 78.
http://hint.fm/papers/wikipedia_coordination_final.pdf

660. VÖLKEL, Max/KRÖTZSCH, Markus/VRANDECIC, Denny/HALLER, Heiko/STUDER, Rudi (2006): Semantic wikipedia. In: Proceedings of the 15th international conference on World Wide Web. New York: ACM, 585–594.

661. WANG, Pu/DOMENICONI, Carlotta (2008): Building semantic kernels for text classification using wikipedia. In: Proceedings of the 14th ACM SIGKDD international conference on Knowledge discovery and data mining. New York: ACM, 713–721.

662. WANG, Pu/HU, Jian/ZENG, Hua-Jun/CHEN, Zheng (2009): Using Wikipedia knowledge to improve text classification. In: Knowledge and Information Systems 19, 3, 265–281.

663. WELTEVREDE, Esther/BORRA, Erik (2016): Platform affordances and data practices: The value of dispute on Wikipedia. In: Big Data & Society 3, 1.

664. WITTEN, Ian H./MILNE, David N. (2008): An effective, low-cost measure of semantic relatedness obtained from Wikipedia links. In: Proceeding of AAAI Workshop on Wikipedia and Artificial Intelligence: an Evolving Synergy. Chicago: AAAI Press, 25–30.
https://www.aaai.org/Papers/Workshops/2008/WS-08-15/WS08-15-005.pdf

665. WU, Fei/WELD, Daniel S. (2007): Autonomously semantifying Wikipedia. In: Proceedings of the sixteenth ACM conference on Conference on information and knowledge management. New York: ACM, 41–50.

666. ZESCH, Torsten/GUREVYCH, Iryna/MÜHLHÄUSER, Max (2007): Analyzing and accessing Wikipedia as a lexical semantic resource. In: Rehm, Georg/Witt, Andreas/Lemnitzer, Lothar (Hg.): Data Structures for Linguistic Resources and Applications – Datenstrukturen für linguistische Ressourcen und ihre Anwendungen. Tübingen: Narr, 197–205.

667. ZESCH, Torsten/MÜLLER, Christof/GUREVYCH, Iryna (2008): Extracting Lexical Semantic Knowledge from Wikipedia and Wiktionary. In: LREC 8, 1646–1652.
https://pdfs.semanticscholar.org/065a/29adca32f66c16005de3f48ebb3512c8baf1.pdf

6.   Methodische Zugänge zur linguistischen Onlineforschung

668.   ANDROUTSOPOULOS, Jannis/BEISSWENGER, Michael (2008): Introduction. Data and Methods in Computer-Mediated Discourse Analysis. In: Language@Internet 5, 2.
http://www.languageatinternet.org/articles/2008/1609

669.   BEISSWENGER, Michael (2012): Forschungsnotiz: Das Wissenschaftliche Netzwerk „Empirische Erforschung internetbasierter Kommunikation" (Empirikom). In: Zeitschrift für germanistische Linguistik 40, 3, 459–461.

670.   ELIAZ, Noam/ROZINGER, Antje (2013): Einsichten in die Kunst der Filterumgehungen – Eine Feldstudie. In: Marx, Konstanze/Schwarz-Friesel, Monika (Hg.): Sprache und Kommunikation im technischen Zeitalter. Wieviel Internet (v)erträgt unsere Gesellschaft?. Berlin/New York: de Gruyter, 267–278.

671.   FRAAS, Claudia/MEIER, Stefan/PENTZOLD, Christian (2012): Online-Kommunikation. Grundlagen, Praxisfelder und Methoden. München: Nomos.

672.   GASTEINER, Martin/HABER, Peter (Hg.) (2010): Digitale Arbeitstechniken für die Geistes- und Kulturwissenschaften. Stuttgart: Böhlau.

673.   HOWELL, Beryl A. (2006): Proving Web History: How to Use the Internet Archive. In: Journal of Internet Law 9, 8, 3–9.

674.   ROGERS, Richard (2013): Digital Methods. Cambridge: MIT Press.

675.   RUNKEHL, Jens/SIEVER, Torsten (2001): Das Zitat im Internet. Ein Electronic Style Guide zum Publizieren, Bibliografieren und Zitieren. Hannover: Revonnah Verlag.
http://www.mediensprache.net/archiv/pubs/3-927715-83-2_online-version.pdf

6.1   Datenerhebung, Korpusgenerierung und Tools

676.   BARTZ, Thomas/BEISSWENGER, Michael/STORRER, Angelika (2014): Optimierung des Stuttgart-Tübingen-Tagset für die linguistische Annotation von Korpora zur internetbasierten Kommunikation: Phänomene, Herausforderungen, Erweiterungsvorschläge. In: Journal for Language Technology and Computational Linguistics 28, 1, 157–198.

677.   BARTZ, Thomas/BEISSWENGER, Michael/STORRER, Angelika (2015): Using Data Mining and the CLARIN Infrastructure to Extend Corpus-based Linguistic Research. In: Odijk, Jan (ed.): Selected Papers from the CLARIN 2014 Conference, October 24-25, 2014, Soesterberg, The Netherlands. Linköping: Linköping University Electronic Press, 1–13.

678.   BEISSWENGER, Michael/ERMAKOWA, Maria/GEYKEN, Alexander/LEMNITZER, Lothar/STORRER, Angelika (2012): A TEI Schema for the Representation of Computer-mediated Communication. In: Journal of the Text Encoding Initiative 3.
http://jtei.revues.org/476

679.   BRUNS, Axel/BURGESS, Jean (2012): Researching News Discussion on Twitter: New Methodologies. In: Journalism Studies 13, 5-6, 801–814.

680.   BUBENHOFER, Noah (2011): Einführung in die Korpuslinguistik: Praktische Grundlagen und Werkzeuge.
       http://www.bubenhofer.com/korpuslinguistik/kurs

681.   BUBENHOFER, Noah/SCHARLOTH, Joachim (2015): Maschinelle Textanalyse im Zeichen von Big Data und Data-driven Turn – Überblick und Desiderate. In: Zeitschrift für Germanistische Linguistik 43, 1, 1–26.

682.   DOUGHERTY, Meghan/MEYER, Eric T./MADSEN, Christine/VAN DEN HEUVEL, Charles/THOMAS, Arthur/WYATT, Sally (2010): Researcher Engagement with Web Archives: State of the Art. Joint Information Systems Committee Report.

683.   FIŠER, Darja/BEISSWENGER, Michael (eds.) (2017): Investigating computer-mediated com- munication: Corpus-based approaches to language in the digital world. Ljubljana: University Press, Faculty of Arts.

684.   FLETCHER, William H. (2012): Corpus analysis of the world wide web. In: Chapelle, Carol A. (ed.): Encyclopedia of Applied Linguistics. Chichester: Wiley-Blackwell, 1339–1347.

685.   GEYKEN, Alexander/HAAF, Susanne/JURISH, Bryan/SCHULZ, Matthias/THOMAS, Christian/WIEGAND, Frank (2012): TEI und Textkorpora. Fehlerklassifikation und Qualitätskontrolle vor, während und nach der Texterfassung im Deutschen Textarchiv. In: Jahrbuch für Computerphilologie, Jg. 9.
       http://computerphilologie.digital-humanities.de/jg09/geykenetal.pdf

686.   GRUMT SUÁREZ, Holger/KARLOVA-BOURBONUS, Natali/LOBIN, Henning (2016): A Discourse-structured Blog Corpus for German: Challenges of Compilation and Annotation. In: NLP4CMC III: 3rd Workshop on Natural Language Processing for Computer-Mediated Communication (= Bochumer Linguistische Arbeitsberichte, 17). Bochum: Ruhr-Universität Bochum, 1–5.
       https://ids-pub.bsz-bw.de/frontdoor/deliver/index/docId/7581/file/Suarez_Karlova-Bourbonus_Lobin_Discourse-structured_Blog_Corpus_2016.pdf

687.   GRUMT SUÁREZ, Holger/KARLOVA-BOURBONUS, Natali/LOBIN, Henning (2016): Compilation and Annotation of the Discourse-structured Blog Corpus for German. In: Proc. 4th Conference on CMC and Social Media Corpora for the Humanities. Ljubljana: University of Ljubljana, 26–29.
       http://nl.ijs.si/janes/wp-content/uploads/2016/09/CMC-conference-proceedings-2016.pdf

688.   HANSEN, Derek/SHNEIDERMAN, Ben/SMITH, Marc A. (2011): Analysing Social Media Networks with NodeXL: Insights from a Connected World. Burlington: Morgan Kaufmann.

689.   KING, Brian (2009): Building and Analysing Corpora of Computer-Mediated Communication. In: Baker, Paul (ed.): Contemporary corpus linguistics. London: Continuum, 301–320.

690.   LOBIN, Henning (Hg.) (2001): Sprach- und Texttechnologie in digitalen
       Medien. Proceedings der Frühjahrstagung der Gesellschaft für linguis-
       tische Datenverarbeitung, 28.-30.3.2001. Norderstedt: BoD.

691.   LOBIN, Henning/SCHNEIDER, Roman/WITT, Andreas (Hg.) (2018): Digi-
       tale Infrastrukturen für die germanistische Forschung. Berlin/Boston:
       de Gruyter.

692.   MICHEL, Jean-Baptiste/SHEN, Yuan Kui /AIDEN, Aviva P./VERES, Adri-
       an/GRAY, Matthew K./PICKETT, Joseph P./HOIBERG, Dale/CLANCY, Dan/
       NORVIG, Peter/ORWANT, Jon/PINKER, Steven/NOWAK, Martin A./LIEBER-
       MAN AIDEN, Erez (2011): Quantitative Analysis of Culture Using Mil-
       lions of Digitized Books. In: Science 331 (6014), 176–182.

693.   ORTHMANN, Claudia (2000): Analysing the Communication in Chat
       Rooms – Problems of Data Collection. In: Forum Quantitative Sozial-
       forschung 1, 3, 36.
       http://www.qualitative-research.net/fqs-texte/3-00/3-00orthmann-e.htm

694.   PANG, Bo/LEE, Lillian (2008): Opinion mining and sentiment analysis.
       Delft: Now. DOI:
       http://dx.doi.org/10.1561/1500000001

695.   RAJAN, Pappu (2016): Web sentiment Analysis. In: International Jour-
       nal of Applied Research 2, 5, 563–566.

696.   RIEDER, Bernhard (2013): Studying Facebook via data extraction: The
       Netvizz application. In: WebS- ci '13 Proceedings of the 5th Annual
       ACM Web Science Conference, 2.-4. May, Paris. New York: ACM, 346–
       255.

697.   RIEDER, Bernhard/ABDULLA, Rasha/POELL, Thomas/WOLTERING,
       Ralf/ZACK, Liesbeth (2016): Data Critique and Analytical Oppor-
       tunities for Very Large Facebook Pages. Lessons Learned from Ex-
       ploring "We Are All Khaled Said". In: Big Data & Society 2, 2. DOI:
       10.1177/2053951715614980

698.   ROGERS, Richard (2010): Mapping Public Web Space with the Issue-
       crawler. In: Brossard, Claire/Reber, Bernard (eds.): Digital Cogniti-
       ve Technologies: Epistemology and Knowledge Society. London: Wiley,
       115–126.

699.   ROGERS, Richard (2012): Mapping and the Politics of Web Space. In:
       Theory, Culture & Society 29, 4/5, 193–219.

700.   ROGERS, Richard (2013): Debanalizing Twitter: The transformation of
       an object of study. In: Proceedings of the 5th Annual ACM Web Science
       Conference. New York: ACM, 356–365.

701.   ROGERS, Richard (2017): Foundations of Digital Methods: Query De-
       sign. In: Schäfer, Mirko/van Es, Karin (eds.): The Datafied Society. So-
       cial Research in the Age of Big Data. Amsterdam: Amsterdam Universi-
       ty Press, 75–94.

702.   SCHÄFER, Roland/BILDHAUER, Felix (2012): Building Large Corpora
       from the Web Using a New Efficiant Tool Chain. In: Calzolari, Nico-

letta/Choukri, Khalid/Declerck, Thierry/Dogan, Mehmet Ugur/Maegaard, Bente/Mariani, Joseph/Odijk, Jan/Piperidis, Stelios (eds.): Proceedings of the Eight International Conference on Language Resources and Evaluation (LREC'12). Istanbul: ELRA, 486–493.

703.   SPANNER, Sebastian/BURGHARDT, Manuel/WOLFF, Christian (2015): Twista – An Application for the Analysis and Visualization of Tailored Tweet Collections. In: Proceedings of the 14th International Symposium of Information Science (ISI 2015). Glückstadt: Werner Hülsbusch, 191–202.
https://epub.uni-regensburg.de/35711/1/2015a%20ISI.pdf

6.2   Korpora

704.   DiDi-Korpus (Korpus des Projekts Digital Natives – Digital Immigrants. Schreiben auf Social Network Sites: Eine korpusgestützte Sprachbeobachtung des aktuellen Sprachgebrauchs in Südtirol unter besonderer Berücksichtigung des Alters)
https://commul.eurac.edu/annis/didi

705.   Chat-Korpus
www.chatkorpus.tu-dortmund.de

706.   Mobile Communication Database (MoCoDa)
https://mocoda.spracheinteraktion.de

707.   Mobile Communication Database 2 (MoCoDa2)
https://db.mocoda2.de/#/c/home

708.   SMS
https://www.mediensprache.net/archiv/corpora/sms_os_h.pdf

709.   Wikipedia (Wikipedia-Seiten und Diskussionsseiten)
https://cosmas2.ids-mannheim.de/cosmas2-web/

710.   Blogs und Webkorpus
https://www.dwds.de/d/k-spezial#blogs

711.   Liveticker und Blogs
https://fussballlinguistik.linguistik.tu-berlin.de

6.3   Feldzugang 2.0: Online-Ethnographie und Qualitative Analysen

712.   ANDROUTSOPOULOS, Jannis (2008): Potentials and limitations of discourse-centered online ethnography. In: Language@Internet 5, 8.
http://www.languageatinternet.org/articles/2008/1610

713.   ANDROUTSOPOULOS, Jannis (2013): Online data collection. In: Mallinson, Christine/Childs, Becky/Herk, Gerard Van (eds.): Data Collection in Sociolinguistics: Methods and Applications. London/New York: Routledge, 236–250.

714.   BOYD, Danah (2008): How Can Qualitative Internet Researchers Define the Boundaries of Their Projects: A Response to Christine Hine. In:

Markham, Annette N./Baym, Nancy K. (eds.): Internet Inquiry: Conversations About Method. Los Angeles: Sage, 26–32.

715. BRÜGGER, Niels (2013): Web historiography and Internet Studies: Challenges and perspectives. In: New Media & Society 15, 5, 752–764.

716. GREDEL, Eva (2018): Digitale Methoden und Werkzeuge für Diskursanalysen am Beispiel Wikipedia. In: Zeitschrift für digitale Geisteswissenschaft (= Sonderband 3: Wie Digitalität die Geisteswissenschaften verändert. Neue Forschungsgegenstände und Methoden. Hg. von Martin Huber/ Sybille Krämer).
http://zfdg.de/sb003_005

717. HINE, Christine (2000): Virtual Ethnography. London: Sage.

718. KIRSCHNER, Heiko (2015): Zurück in den Lehnstuhl. Lebensweltliche Ethnographie in interaktiven Medienumgebungen. In: Hitzler, Ronald/ Gothe, Miriam (Hg.): Ethnographische Erkundungen, Erlebniswelten. Wiesbaden: Springer Fachmedien, 211–230.

719. WELKER, Martin (Hg.) (2010): Die Online-Inhaltsanalyse: Forschungsobjekt Internet. Köln: Herbert von Halem.

6.4 Rechtliches und Ethik

720. EIFERT, Martin (2009): Freie Persönlichkeitsentfaltung in sozialen Netzen – Rechtlicher Schutz von Voraussetzungen und gegen Gefährdungen der Persönlichkeitsentfaltung im Web 2.0. In: Bieber, Christoph/ Eifert, Martin/Groß, Thomas/Lamla, Jörn (Hg.): Soziale Netze in der digitalen Welt: Das Internet zwischen egalitärer Teilhabe und ökonomischer Macht (= Interaktiva, Schriftenreihe des Zentrums für Medien und Interaktivität, Gießen). Frankfurt/Main: Campus, 253–269.

721. HERRING, Susan (1996): Posting in a different voice: Gender and ethics in computer-mediated communication. In: Ess, Charles (ed.): Philosophical approaches to computer-mediated communication. Albany: Suny Press, 115–145.

722. JOHNSON, Thomas J./KAYE, Barbara K. (2002): Webbelievability: A Path Model Examining How Convenience and Reliance Predict Online Credibility. In: Journalism and Mass Communication Quarterly 79, 3, 619–642.

723. KNUCHEL, Daniel/LUTH, Janine (2018): Zugängliche Daten im Netz. Herausforderungen beim Korpusaufbau mit besonderer Berücksichtigung rechtlicher und ethischer Aspekte. In: Gessinger, Joachim/Redder, Angelika/Schmitz, Ulrich (Hg.): Korpuslinguistik (= OBST 92). Duisburg: Universitätsverlag Rhein-Ruhr, 31–44.

724. MCKEE, Heidi/PORTER, James (2008): The Ethics of Digital Writing Research: A Rhetorical Approach. New York: Lang.

725. MILNER, Ryan M. (2011): The study of cultures online: Some methodological and ethical tensions. In: Graduate Journal of Social Science 8, 3, 14–35.

726. PENTZOLD, Christian (2017): 'What are these researchers doing in my Wikipedia?': ethical premises and practical judgment in internet-based ethnography. In: Ethics and Information Technology 19, 2, 143–155.

727. PENTZOLD, Christian (2015): Forschungsethische Prämissen und Problemfelder teilnehmenden Beobachtens auf Online-Plattformen. In: Maireder, Axel/Ausserhofer, Julian/Schumann, Christina/Taddicken, Monika (Hg.): Digitale Methoden in der Kommunikationswissenschaft. Berlin: Digital Communication Research, 61–85.

728. REINEMANN, Susanne/REMMERTZ, Frank (2012): Urheberrechte and User-generated Content. In: Zeitschrift für Urheber- und Medienrecht 56, 3, 216–226.

729. ROGERS, Richard (2009): The Internet Treats Censorship as a Malfunction and Routes around it? A New Media Approach to the Study of State Internet Censorship. In: Parikka, Jussi/ Sampson, Tony (eds.): The Spam Book: On Viruses, Porn, and Other Anomalies from the Dark Side of Digital Culture. Cresskill: Hampton Press, 229–247.

730. SCHWARTMANN, Rolf/HENTSCH, Christian-Henner (2012): Die verfassungsrechtlichen Grenzen der Urheberrechtsdebatte. In: Zeitschrift für Urheber- und Medienrecht 56, 10, 759–770.

731. SCHWARTMANN, Rolf/OHR, Sara (2015): Recht der Sozialen Medien. Heidelberg: C.F. Müller.

732. SHARPLES, Mike/GRABER, Rebecca/HARRISON, Colin/LOGAN, Kit (2009): E-safety and Web2.0 for children aged 11–16. In: Journal of Computer-Assisted Learning 25, 70–84.

733. SOLMECKE, Christian (2012): Social Media. In: Hoeren, Thomas/Sieber, Ulrich/Holznagel, Bernd (Hg.): Handbuch Multimedia-Recht. Rechtsfragen des elektronischen Geschäftsverkehrs. München: Beck, 21.1, 1–30.
https://www.wbs-law.de/wp-content/uploads/2012/11/Social-Media-und-Recht-WILDE-BEUGER-SOLMECKE.pdf

734. UNGERN-STERNBERG, Joachim v. (2009): Schlichte einseitige Einwilligung und treuwidrig widersprüchliches Verhalten des Urheberberechtigten bei Internetnutzungen. In: Gewerblicher Rechtsschutz und Urheberrecht 3, 4, 369–374.

735. VANNINI, Phillip (2008): Ethics and New Media. In: Given, Lisa (ed.): The SAGE encyclopedia of qualitative research methods. Los Angeles: Sage, 277–279.
http://www.stiba-malang.com/uploadbank/pustaka/RM/QUALITATIVE%20METHOD%20SAGE%20ENCY.pdf

7 Input anderer Wissenschaftsdisziplinen

7.1 Aus der Medien- und Kommunikationswissenschaft

736. ANDROUTSOPOULOS, Jannis (2005): Onlinemagazine & Co. Publizistische Nischenangebote im Internet. In: Siever, Torsten/Schlobinski, Peter/Runkehl, Jens (Hg.): Websprache.net. Sprache und Kommunikation im Internet. Berlin/New York: de Gruyter, 98–131.

737. BUCHER, Hans-Jürgen (2000): Publizistische Qualität im Internet. Rezeptionsforschung für die Praxis. In: Altmeppen, Klaus-Dieter/Bucher, Hans-Jürgen/ Löffelholz, Martin (Hg.): Online-Journalismus. Perspektive für Wissenschaft und Praxis. Wiesbaden: Westdeutscher Verlag, 153–172.

738. JOHANSSON, Marjut (2014): Reading digital news: Participation roles, activities, and positionings. In: Journal of Pragmatics 72, 31–45.

739. FLANAGIN, Andrew J./METZGER, Miriam J. (2000): Perceptions of Internet Information Credibility. In: Journalism and Mass Communication Quarterly 77, 3, 515–540.

740. LIH, Andrew (2004): Wikipedia as participatory journalism: Reliable sources? metrics for evaluating collaborative media as a news resource. In: Nature 3, 1.
http://citeseerx.ist.psu.edu/viewdoc/download;jsessionid=873E47C48DC1617F996F08A
CEE2ADD5A?doi=10.1.1.117.9104&rep=rep1&type=pdf

741. POELL, Thomas/BORRA, Erik (2012): Twitter, YouTube, and Flickr as Platforms of Alternative Journalism: The Social Media Account of the 2010 Toronto G20 Protests. In: Journalism 13, 6, 695–713.

742. STRIPPEL, Christian/BOCK, Annekatrin/KATZENBACH, Christian/MAHRT, Merja/MERTEN, Lisa/NUERNBERGK, Christian/PENTZOLD, Christian/PUSCHMANN, Cornelius/WALDHERR, Annie (2018): Die Zukunft der Kommunikationswissenschaft ist schon da, sie ist nur ungleich verteilt. In: Publizistik 63, 1.
https://doi.org/10.1007/s11616-017-0398-5

743. SUNSTEIN, Cass (2001): Echo Chambers. Bush vs. Gore. Impeachment, and Beyond. Princeton: Princeton University Press.

7.2 Aus der (Sozial-)Psychologie

744. CARR, Nicholas (2010): The shallows. What the internet is doing to our brains. New York: Norton & Company.

745. CARR, Nicholas (2010): Wer bin ich, wenn ich online bin … und was macht mein Gehirn solange? Wie das Internet unser Denken verändert. München: Blessing Verlag.

746. CARR, Nicholas (2013): Surfen im Seichten. Was das Internet mit unserem Hirn anstellt. München: Pantheon Verlag.

747.   BUSHMAN, Brad J./HUESMANN, Rowell L. (2006): Short-term and long-term effects of violent media on aggression in children and adults. In: Archives of Pediatrics & Adolescent Medicine 160, 348–352.

748.   DIBBEL, Julian (2009): Mutilated Furries, Flying Phalluses: Put the Blame on Griefers, the Sociopaths of the Virtual World. In: Johnson, Steven (ed.): The best technological writing. New Haven/London: Yale University Press, 9–19.

749.   DÖRING, Nicola (2003): Sozialpsychologie des Internets. Göttingen [u. a.]: Hogrefe.

750.   DÖRING, Nicola (2008): Mobilkommunikation: Psychologische Nutzungs- und Wirkungsdimensionen. In: Batinic, Bernad/Appel, Markus (Hg.): Medienpsychologie. Heidelberg [u. a.]: Springer, 210–240.

751.   DÖRING, Nicola (2011): Pornographie im Internet. Fakten und Fiktionen. In: tv diskurs 57, 15, 32–37.

752.   EKBERG, Stuart/BARNES, Rebecca/KESSLER, David/MALPASS, Alice/SHAW, Alison (2013): Managing the therapeutic relationship in online cognitive behavioural therapy for depression: Therapists' treatment of clients' contributions. In: Language@Internet 10, 4.
http://www.languageatinternet.org/articles/2013/Ekberg/ekberg.et.al.pdf

753.   FEUFEL, Markus A./STAHL, S. Frederica/LEE, Soo-Youn (2013): Was Hänschen nicht googelt, findet Hans nimmermehr? Online-Suche im Vergleich der Generationen. In: Marx, Konstanze/Schwarz-Friesel, Monika (Hg.): Sprache und Kommunikation im technischen Zeitalter. Wieviel Internet (v)erträgt unsere Gesellschaft?. Berlin/New York: de Gruyter, 166–185.

754.   SALVUCCI, Dario/TAATGEN, Niels (2011): The multitasking mind. Oxford: Oxford University Press.

755.   SCHAD, Gina (2017): Digitale Verrohung? Was die Kommunikation im Netz mit unserem Mitgefühl macht. München: Goldmann.

756.   SILLENCE, Elizabeth (2017): Having faith in the online voice. Exploring contemporary issues of trust, language and advice in the context of e-health. In: Linguistik Online 87, 8.
https://bop.unibe.ch/linguistik-online/article/view/4175

7.3   Aus der Didaktik

757.   ASCHERL, Carina/BALLIS, Anja (2017): Lernen mit Digitalen Medien. In: DaZ Sekundarstufe 2 (2017), 5–8.

758.   BALLIS, Anja/FETSCHER, Doris (2009): E-Learning in der Hochschule. Diskurse, Didaktik, Dimensionen. München: kopaed.

759.   BEISSWENGER, Michael (2018): WhatsApp, Facebook, Instagram & Co.: Schriftliche Kommunikation im Netz als Thema in der Sekundarstufe. In: Gailberger, Steffen/Wietzke, Frauke (Hg.): Deutschunterricht in einer digitalen Gesellschaft. Unterrichtsanregungen für die Sekundarstufen. Weinheim: Beltz Juventa, 91–124.

760. Beisswenger, Michael/Burovikhina, Veronika (i. Dr./2019): Von der Black Box in den Inverted Classroom: Texterschließung kooperativ gestalten mit digitalen Lese- und Annotationswerkzeugen. In: Führer, Felician-Michael/Führer, Carolin (Hg.): Herausforderung Kohärenz in der fachdidaktischen Lehrerbildung. Theoretische, empirische und hochschuldidaktische Annäherungen für das Fach Deutsch. Bad Heilbrunn: Klinkhardt.

761. Beisswenger, Michael/Pappert, Steffen (i. Dr./2019): Face work mit Emojis. Was linguistische Analysen zum Verständnis sprachlichen Handelns in digitalen Lernumgebungen beitragen können. In: Beißwenger, Michael/Knopp, Matthias (Hg.): Soziale Medien in Schule und Hochschule: Sprach- und mediendidaktische Perspektiven. Frankfurt/Main: Lang (Forum Angewandte Linguistik).

762. Beisswenger, Michael/Burovikhina, Veronika/Meyer, Lena (i. Dr./2019): Förderung von Sprach- und Textkompetenzen mit sozialen Medien: Kooperative Konzepte für den Inverted Classroom. In: Beißwenger, Michael/Knopp, Matthias (Hg.): Soziale Medien in Schule und Hochschule: Sprach- und mediendidaktische Perspektiven. Frankfurt/Main: Lang (Forum Angewandte Linguistik).

763. Frederking, Volker/Krommer, Axel/Möbius, Thomas (2014) (Hg.): Digitale Medien im Deutschunterricht. Hohengehren: Schneider.

764. Gorev, Dvora/Margaliot, Adva/Vaisman, Tamar (2013): „The situation here is just like a movie – A horror movie": Computer-mediated troubled talk as a setting for support and professional growth of student teachers in a time of crisis. In: Language@Internet 10, 7.
http://www.languageatinternet.org/articles/2013/Gorev/gorev.et.al.pdf

765. Livingstone, Sonia/Bovill, Moira (eds.) (2001): Children and their changing media environment: A European comparative study. Mahwah, NJ: Lawrence Erlbaum.

766. Müller, Christina Margit/Siever, Torsten (2011): Neue Medien und Wortschatzarbeit. In: Informationen zur Deutschdidaktik 1, 42–53.

767. Schultz-Pernice, Florian/von Kotzebue, Lena/Franke, Ulrike/Ascherl, Carina/Hirner, Carola/Neuhaus, Birgit/Ballis, Anja/ Hauck-Thum, Uta/Aufleger, Monika/Romeike, Ralf/Frederking, Volker/Krommer, Axel/Haider, Michael/Schworm, Silke/Kuhbandner, Christof/Fischer, Frank (2017): Kernkompetenzen von Lehrkräften für das Unterrichten in einer digitalisierten Welt. In: merz – medien + erziehung, Zeitschrift für Medienpädagogik, 4, 65–74.
http://www.edu.lmu.de/kmbd/_assets/dokumente/merz-artikel.pdf

768. Wampfler, Philippe (2017): Digitaler Deutschunterricht. Neue Medien produktiv einsetzen. Göttingen: Vandenhoeck & Ruprecht.

7.4 Aus der Kriminologie

769. Robertz, Frank J. (2010): Jugendgewalt 2.0: Über Cyberbullying und Happy Slapping. In: Wickenhäuser, Ruben Philipp/Robertz, Frank J.

(Hg.): Orte der Wirklichkeit. Über Gefahren in medialen Lebenswelten Jugendlicher. Berlin [u.a.]: Springer, 71–78.

770. RÜDIGER, Thomas-Gabriel (2012) Cybergrooming in virtuellen Welten – Chancen für Sexualtäter? In: Deutsche Polizei 2, 29–35.

771. RÜDIGER, Thomas-Gabriel (2013): Kriminogene Aspekte von virtuellen Welten – Eine Phänomendarstellung. In: Dölling, Dieter/Jehle, Jörg-Martin (Hg.): Täter – Taten – Opfer. Grundlagenfragen und aktuelle Probleme der Kriminalität und ihrer Kontrolle (= Neue Kriminologische Schriftenreihe der Kriminologischen Gesellschaft e.V.,114). Mönchengladbach: Forum Verlag Godesberg, 348–373.

772. RÜDIGER, Thomas-Gabriel (2015): Der böse Onkel im digitalen Kinderzimmer. In: Hillebrandt, Ingrid (Hg.): Gewalt im Netz – Sexting, Cybermobbing & Co. Berlin: Bundesarbeitsgemeinschaft Kinder- und Jugendschutz (BAJ), 104–123.

773. RÜDIGER, Thomas-Gabriel (2015): Der böse Onkel im virtuellen Schlaraffenland – Wie Sexualtäter Onlinegames nutzen. In: Rüdiger, Thomas-Gabriel/Pfeiffer, Alexander (Hg.): Game! Crime? Frankfurt/Main: Verlag für Polizeiwissenschaft, 142–159.

8. Eine Auswahl an Zeitschriften

774. Digital Humanities Quarterly:
http://www.digitalhumanities.org/dhq/

775. Frontiers in Digital Humanities:
https://www.frontiersin.org/

776. Internet Pragmatics:
https://www.jbe-platform.com/content/journals/2542386x

777. Language@Internet:
http://www.languageatinternet.org

778. Literary and Linguistic Computing:
https://global.oup.com/academic/product/literary-and-linguistic-computing-14774615?cc=de&lang=en&#

779. Living Linguistics 10plus1:
http://10plus1journal.com

780. Journal für Medienlinguistik:
https://jfml.org

781. Journal of Pragmatics:
https://www.journals.elsevier.com/journal-of-pragmatics

782. Networx:
https://www.mediensprache.net/de/networx/

783. The Mouth:
https://themouthjournal.com

Zeitschriften, in denen u. a. Aufsätze zu internetlinguistischen Themen erscheinen

784. Linguistik Online:
https://bop.unibe.ch/linguistik-online/

785. Zeitschrift für Angewandte Linguistik:
https://www.degruyter.com/view/j/zfal

786. Zeitschrift für Germanistische Linguistik:
https://www.degruyter.com/view/j/zfgl

9. Empfohlene Blogs

787. Die Engelbart-Galaxis. Digitale Welten jenseits der Schriftkultur
https://scilogs.spektrum.de/engelbart-galaxis/

788. Discourse Lab
https://dislab.hypotheses.org

789. Fussballlinguistik
http://fussballlinguistik.de

790. Metablog
https://metablock.hypotheses.org/uber-den-blogger

791. MIT.Qualität
https://mitqualitaet.com/blog-zur-textqualitaet-von-online-texten/

792. Sprachlog
http://www.sprachlog.de

793. Sprachpunkt
https://alexanderlasch.wordpress.com

794. Rcrastinae
http://rcrastinate.blogspot.com

795. lingdrafts – Linguistische Werkstattberichte
https://lingdrafts.hypotheses.org